ベートーヴェンを聴けば世界史がわかる

片山杜秀

文春新書

1191

ベートーヴェンを聴けば世界史がわかる◎目次

序章　クラシックを知れば世界史がわかる

一級の史料としての音楽

クラシック音楽というと、高尚な、といえば聞こえはいいのですが、どこか浮世離れした、俗世間とはあまり関係のない〝お芸術〟というイメージを、世間の多くの方は持たれているのではないでしょうか。

これは、音楽がある意味、抽象度の高い芸術だからかもしれません。文学ならば、作者の言いたいことが、具体的に言語で表現されているし、絵画や彫刻も、神話や物語の一場面を表現していたり、当時の風景や生活ぶりなどが描写されたりしています。それに対して、音楽は基本的には音の連なりですから、ひとつひとつの音それ自体は、政治的な主張とか人生観とか歴史認識とかを具体的に表現しているわけではありません。楽譜を見ても記号が並んでいるだけ。その意味では、抽象的で、超時代的なものだというイメージを持ちやすい。

しかし実は、音楽ほど、当時の社会状況や人々の欲望、時代のニーズの影響をダイレクトに受ける文化ジャンルも少ないのです。よく流行歌について「歌は世につれ、世は歌につれ」と申しますが、これはクラシック音楽にもあてはまります。

たとえばベートーヴェンの音楽には時代の主役として台頭してきた「市民階級」というもののありかたがくっきりと刻印されていますし、ワーグナーの壮大な作品群は十九世紀後半版のグローバリズムとの対決のなかから生み出されたものです。その意味では、クラシック音楽は、ちょうど発掘された遺跡や化石からその時代を知ることができるように、その時代の空気を閉じ込めた一級の史料ともいえます。

「受け取り手」の歴史

では、一見抽象的な音楽が、なぜ時代を色濃く反映するのでしょうか。

そこで考えるべきは、そもそも音楽だけではなく、文学や美術など芸術全般において、その作品や表現がどうやっていまに伝わっているのか、という問題です。もちろんそこには優れた作品があり、それを作ることができた天才たち、タレント（才能）をもった作者たちがいたことは間違いありません。

しかし、それ以前の問題として、そうした作品が発表された当時、誰の関心も集めず、なんの需要もなかったとしたら、それらが後世に伝わることは極めて難しかったはずです。

基本的に芸術作品が作られ、保存され、のちのちまで鑑賞されるには、それを価値あるものとして認めた「受け取り手」(すなわち発注者・買い手・消費者・観客)の存在が不可欠なのです。

そして、この「受け取り手」は時代によって大きく変わっていきます。本書のテーマであるクラシック音楽の主な舞台となるヨーロッパであれば、教会—王侯貴族—大都市の市民層と、受け取る側の主役は変わり、その移り変わりと音楽は密接な関係にあるのです。

演奏されてはじめて作品に

それでも文学や美術ならば、まだ「同時代では誰にも認められなかった、早すぎた天才」の存在する余地もあるかもしれません。たとえば宮沢賢治は生前には自費出版に近いかたちで、一冊の詩集と一冊の童話集を残しただけですが、死後にはすぐに高い評価を受けました。そういう作家は大勢存在します。もっといえば、生前は誰にも読ませず、勝手に作品だけ書きためるというあり方も可能です。

美術の分野はどうでしょうか。たとえばルネサンス期などの大聖堂に描かれた壁画や天井画などは、多くの費用や作業に携わる人員も必要となります。同時代においてニーズがなければ、そもそも制作すら不可能だったわけですが、近代になって、誰でも自室などでキャンバスに絵を描くといった制作スタイルが一般化すると、別に誰も必要としていなくとも、作品を生み出すこと自体は可能になります。よく言われるように、生前に売れたゴッホの絵は一枚か二枚でしたが、それでもゴッホは、油絵、水彩画あわせて約一千点もの作品を描いたのです。大金持ちでなくても、絵がお金にならなくても、周りがある程度支えてあげられれば、そのくらいの仕事量は可能だったということです。

ところが、音楽の場合は、なかなかそうはいきません。音楽は演奏され、誰かが聴いてくれることで成立する芸術だからです。たとえばピアノやヴァイオリンの協奏曲でも、誰かが演奏してくれないことにはどうしようもありません。もちろん独奏曲なら、作曲家本人だけで弾けることもあります。しかし、伴奏者が要るなら、そこでもう必ず他人が必要となる。

クラシック音楽の主流ともいえるオペラやオラトリオや交響曲となると、そもそも誰かが作曲し、誰かが歌手や合唱団やオーケストラなどを揃え、彼らが練習し、ときには誰かが作曲家や演奏家の生活全般の面倒までみて、大聖堂や宮廷や劇場といった器を用意し、そこに聴衆が集まってくるという、これはもうたいへんな社会的営みです。演劇や後世の映画産業もこれに近いですが、とにかく大勢の誰かが歯車を成して回らないと、大編成の音楽作品は実際に響き渡るところまではいかない。一回印刷されれば、誰でもいつでも読める文学作品や、一度描いてしまえば、どこかに飾っておけば、誰でもいつでも観られる絵画とはそこが違う。機械文明が進んで、録音録画が普及すると話がまた違いますが、音楽という再現芸術の手間のかかりようはいつだって膨大な経費を要求し、人的・物的動員を要求します。作曲家本人が大金持ちであって他人の好みに関係なく勝手に作りたいものを作って演奏させられるような特殊ケースを除けば、スポンサーとの合意が得られなくては音になるところまで行きにくい。時代のニーズに応えないと、音楽芸術はかたちになりにくい。異端の文学者や美術家に比べると、異端の音楽家は数が少ないと思いますが、その理由はそこらへんに求められるのです。

また作曲者の側からいっても、交響曲をきちんと完成させる、すなわち実際に音を出して人に聴いてもらえる作品にしようと思ったら、具体的にどのくらいの人数で、どういった楽器編成のオーケストラが使えるのかといった想定をしなくてはなりません。演奏されるあてもないのに、何十段にもわたる楽譜を延々と書き連ねる、などという人は少ないわけです。

作曲家の労力は現場を想定できないと真には発揮できない。楽譜が何十段というのは、パートごと、楽器ごとに段を違えて書くから、編成の大きい作品ほど、一般に段数が膨らんでゆくのですけれど、そのとき、実際には演奏者がいなくて使えない楽器のために一段書いても意味がない。そんな面倒なパートがあったら、指揮者やオーケストラに演奏不能とリジェクトされて、せっかくの作品が日の目を見ないかもしれない。そうなったら努力も水の泡ですから。使えるものが確定できないと曲を完成できないとはそういうことです。

楽器編成は絵画に例えれば絵具の色の数や性能の違う筆の種類の数みたいなものでしょう。画家は本人が筆や絵具を使って直接に作品を完成させるのですから、ない絵具の色やない筆のタッチが絵に現れることはありえないのですが、作曲家の楽譜は使える楽器の音量や音色をイメージして記譜するということですから、現実には演奏できない楽譜を書いてしまうことはありうる。それを避けるとなったら現実を知らねばならない。もっというと、現実の制約を知って、はじめて想像力の羽ばたかせようがみつかるということも、作曲家の場合はとても多くあるでしょう。

その意味では、音楽という芸術のあり方は、やはり演劇や映画に近いといえるでしょう。いずれも、予算、演者、消費者が揃わなくては、作品として成立しないのです。使える役者の数がわからなければ、映画監督も舞台演出家も演出のしようがない。それと同じなのです。

生身の芸術

現代では、音楽を聴くというと、インターネットやCD、レコードなどの録音媒体によるものがむしろ大多数でしょう。さらにいえば、作曲・演奏をコンピューターにまかせることもできます。しかし、長い音楽の歴史においては、音楽とは生身の人間が演奏し、実際にその場所にいる人しか聴くことのできないものだったことを忘れてはなりません。

「音楽は生身の人間が演奏するものである」という観点から見ると、実際には、作曲家よりも先に演奏者たちのほうが決められているともいえます。たとえば教会なら教会の聖歌隊、王侯貴族なら専属の楽団がすでにあって、それに合わせて、雇われた作曲家が曲をつくるのです。

とくに王侯貴族たちが専属の楽団を抱えるのには、政治的な理由も考えられます。音楽という行為を成立させるには、聴衆と演者が同じ空間を共有しなければなりません。つまり狙おうと思えば、生身の王様たちに危害を加えられる位置に、演奏者たちはいるわけです。そうした危険を避けるためには、やっぱり基本的には信頼の置ける、できれば代々王家に仕えているような固定されたメンバーが望ましいということになるのです。

これは洋の東西を問わないようで、たとえば明治の日本が必死になって西洋化に取り組むなかで、有名な鹿鳴館で舞踏会などを催したとき、誰が音楽を担当したか？　それは軍楽隊、そして宮廷の雅楽の楽師たちだったのですね。

外国人を接待する際、雅楽では音色も音程もあまりに西洋音楽と違うため、これではまずいというので、近代日本の宮廷では雅楽の楽師たちに西洋音楽を習わせたのです。だから彼らは雅楽器と西洋楽器を両方練習しなくてはならなくなりました。宮中の晩餐会で雅楽だけでなく洋楽も必要だからと、身分経歴の確かでないヴァイオリン弾きや太鼓叩きを臨時雇いにして、天皇皇后のそばで弾かせる、外国の賓客のそばに座らせるなんて、ありえません。予算の都合もありますが、やはり警備上の問題も大きいでしょう。鹿鳴館で日本政府高官と西洋諸国の外交官たちが踊るときも、雅楽の楽師や軍人兵士である軍楽隊員がワルツやカドリーユ（四組のカップルによるダンス）の伴奏をしていたのです。ちなみに日本の軍楽隊は、横浜に駐屯していたイギリス軍楽隊に、三十人の薩摩藩士が楽器を教わった「薩摩バンド」がそもそものはじまりでした。

そして作編曲の受容はこうした条件から常に生まれる。楽器が幾つあって、何種類あって、演奏家が何人いて、技量はどうか。技術的にやれない難しい譜面では意味がないわけですから。条件、条件、また条件。それが音楽の父であり母であるのです。その制約を知らずして音楽は分からないのです。

ステータス・シンボルとしての「教養」

音楽は文学や美術よりも演奏や受容の形態に左右されやすい芸術であること。その意味で音楽史は「作り手」よりもむしろ「受け取り手」を知らないとよくわからないものになってしまうこと。そのへんを意識しないと音楽史は面白くもおかしくもありませんけれど、その「受け取り手」の変化として歴史をみるうえで、もうひとつ押さえておきたいのは、クラシック音楽が「娯楽」であるとともに、「権威」でもあるという二面性をもっているということです。

今はすっかり神通力を失ってしまいましたが、かつてクラシック音楽といえば「ハイクラスな教養」の代表でした。日本でも、高度経済成長期あたりまでは、ボーナスでステレオとクラシックのレコードを買って、懸命に「教養」を身につけようとする若手・中堅サラリーマンがいましたし、「たまにはコンサートでも行って勉強したまえ」などと「指導」する上司もいたものです。クラシック音楽は「よくわからないけど、なんとなくありがたいもの」、「知っていると、周りに差がつけられる（気がする）もの」、ステータス・シンボル、すなわち権威の象徴だったのです。

もちろん美術館で泰西名画を鑑賞することも、本棚に文学全集を並べることも、「教養」への憧れであり、ステータス・シンボルだったのですが、クラシック音楽はさらに一段敷居の高い（偉そうな感じがより強い）差別化の装置だったといえるでしょう。

たとえば日本の有名なオーケストラをみると、いずれも大手メディアとの結びつきが深いことがわかります。「N響」ことNHK交響楽団は日本放送協会、読売日本交響楽団は読売新聞と日本テレビ、読売テレビ。今では母体が変わっていますが、日本フィルハーモニー交響楽団はもともとフジサンケイグループでしたし、東京交響楽団ははじめ東宝、そしてＴＢＳの専属となります（その後、契約を切られて、一時解散します）。つまり、昭和のある時期まで、新聞社や放送局にとってオーケストラを持つことは、メディアとして信頼される早道だと考えられていたわけです。

神の権威、王の権威

この権威性はどこから来るのでしょうか？

実は、クラシック音楽は、そもそもの成り立ちから「権威」を示すための仕掛けとして機能していた面があるのです。

詳しくは次章以降で述べますが、予告編として簡単にいうと、ヨーロッパの中世においても、教会の音楽は、民衆が楽しんでいる音楽とはまったく別の価値観を示すものでした。それは聖と俗、天上と地上のへだたりでもありました。そこでは音楽は、教会の権威、もっといえばキリスト教の神の権威を象徴するものだったのです。

さらに時代が進み、王侯貴族が主役となると、権力者である王が権威をも握ることになります。王（宮廷）が文化の基準、趣味の善し悪し、教養のあるなしのスタンダードとなるわけです。そのなかで、音楽もまた、王侯貴族の文化的権威を高めるものとなります。モーツァルトがヨーロッパ中を旅したのも、各地の宮廷への就職活動のためでした（この就職活動は失敗し続けます。なぜ失敗したかという点に、歴史の転期をみることができるのですが、これも後ほど）。

市民・産業・近代文明

近代になると、市場経済が発達し、お金を儲けた市民階級（ブルジョワ）が台頭してきます。このブルジョワたちが何を求めたかといえば、王侯貴族の文化を模倣《もほう》することでした。

新興の市民層はまだ自前の価値基準を持ち得ません。文化・趣味の基準、美しいもの、高級なものの尺度は、王侯貴族にありました。それを身につけたいというのが、市民階級の欲望となるのです。

近代化が進むと、市民のなかでも中流にいた人々が、上流階級を目指すことになります。社会全体が底上げされ、豊かになってくるときのエネルギー源のひとつが、ステータス・

シンボルに対する憧れです。王侯貴族が楽しんでいた芸術を、自分たち市民階級も理解したい、楽しみたい――。そこで音楽の娯楽と権威が結びつくのです。

そのエネルギーの爆発は十八世紀半ばにはじまり、十九世紀にピークに達したといっていいでしょう。ベートーヴェンをはじめ、今も演奏され、多くの人に聴かれるクラシック音楽のほとんどは、この百数十年に集中していますが、それは偶然ではありません。

市民が主役となることで、クラシック音楽は、それまでとは比べ物にならないほど膨大な「受け取り手」を獲得します。大都市にはオペラハウスなど巨大な劇場が作られ、そこに多くの聴衆がつめかける。また豊かになった市民たちは、かつての王侯貴族を倣って、自らも楽器を手にし、合奏や合唱に精を出します。音楽は社交のツールともなり、音楽を愛好するサークルに属することが立派な市民としてのアイデンティティを強化することにもなります。

そうした新しい顧客のために、音楽家たちは楽譜を出版したり、ピアノやヴァイオリンの教師となったり、演奏会のプロデュースをしたりするようになります。クラシック音楽は「娯楽」としても、ひとつの産業にまで発展するのです。そして、さらには音楽家を養成するための学校なども設立されることで、自ら新たな権威を生み出すことにも成功します。

こうしたステータス・シンボルとしてのクラシック音楽への憧れは、遠く日本にも波及します。その端的なあらわれが鹿鳴館ですが、明治日本の場合は、そこに「西洋へのキャッチアップ」という課題が結びつきます。一般の人々が上流の文化を真似して、社会的にも上昇を果たすという「立身出世」の側面と、西洋化を進める「文明開化」の側面が重なって、クラシック音楽の権威性がいっそう高まったともいえるでしょう。

このように、音楽の「受け取り手」である教会、宮廷、市民層の変遷こそ、まさに政治、経済、社会の歴史にほかなりません。つまり「クラシック音楽を聴けば、世界史がわかる」わけです。

では、次章から具体的に音楽と社会の関係をみていきましょう。

第一章ではクラシック音楽のはじまりとして、グレゴリオ聖歌から出発します。そこでの主人公はキリスト教の教会です。「神の秩序」を表現するためにつくられた音楽とは、いかなるものだったのか？　なぜ楽器よりも人間の声が重視されたのか？

宗教改革は音楽の世界をも一変させました。第二章では、ルネサンス・宗教改革の時代を扱います。ルター作曲の讃美歌から、欲望に忠実なオペラの誕生まで。それはローマ教会の支配からの解放でもありました。

第三章では、舞台はロンドン、パリ、ハンブルクなどの大都市に移ります。市民社会に移行する激動の中で、バッハ、ヘンデル、テレマン、そしてハイドン、モーツァルトといった巨匠たちは、それぞれに時代の波に直撃されます。

そして第四章ではいよいよベートヴェンの登場です。彼の音楽がいかに「市民の時代」をリードしたか。それによって、市民社会という新しい歴史の主人公の姿がくっきりと浮かび上がります。

それに続く第五章はメンデルスゾーン、シューマン、ショパンといったいわゆるロマン派の時代です。大都会では豪奢なオペラが全盛を迎える一方、教養を高めた市民層はより複雑な音楽を求めていく。市民社会の成熟と、そこに生まれる不安を、音楽は反映するのです。

第六章の主役は、怪物ワーグナーです。パリやロンドンなどの大都市の文化を「根無し草」と強烈に批判したワーグナーはグローバリズム批判の元祖ともいえるでしょう。そして彼が見出したのは「民族」でした。

そして最終章は二十世紀です。二つの世界大戦は、人類に思想的にも絶大なダメージを与えました。音楽はそれを予見するかのように〝壊れて〟いきます。一見、難解きわまるように思える現代音楽は、実は、我々が直面している困難の表現でもあるのです。

「予告編」が長くなりました。では、まずはクラシック音楽のルーツ探しを始めましょう。

第一章　グレゴリオ聖歌と「神の秩序」

クラシック音楽の起源

クラシック音楽の起源をどこに設定するのかは、とても厄介な問題です。

古代ギリシアや古代ローマ帝国の音楽に遡ることもできますが、楽譜はごく断片的にしか残っていません。ギリシア音楽の理論や美意識については、プラトンなどの記述によって、どの音階がどのような美意識と結びついていたかなどは分かります。でも、その先がどうつながって今日に至るかとなると、きちんと議論するのは難しい。また旧約聖書を読めば神を称えるためのラッパとか、音楽的記述はいろいろありますが、聖書は文字だけで楽譜までは付いていませんから、音楽の具体的中身を想像しようとすると、考古学的な範疇になってまいります。

西洋でも東洋でも、もちろん古代から音楽はあった。音楽の起源は、言語の抑揚からリズムやメロディを発展させたとか、自然現象の音響を人間が声や道具で模倣したとか、風が管を通ったり弦状のものを震わせたりして音が鳴ることから楽器を発明したのだとか、もういろいろな音楽考古学的議論がございます。古代の石笛や琴や音程をたたき分けられる金属打楽器なども遺跡から出てくる。ただ、そこからどうつながって今日に至るかというのは、失われているものが多すぎて、直接にはつながらないのです。

たとえば、突然、東アジアの話をしてしまいますと、日本の雅楽は遣隋使や遣唐使の時代に中国からもってきた楽器や曲を取り入れて出来上がった部分の大きな音楽とされていますけれど、ではどこが隋の音楽で、どこが唐の音楽で、あるいはどこが渤海の音楽でどこが高麗の音楽かというと、具体的には分からない。それなら本家の中国や朝鮮半島をたずねれば分かるかというと、唐の玄宗皇帝と楊貴妃のころの音楽とか、これはもう実際は伝わっていない。漢文の記録ならたくさん残っていますが、解読可能な楽譜はありません。

音楽は中国では王朝の変わるたびに以前のものを抹殺していた。音楽というのは気分や情緒の生々しい再現性があるので、たとえば元《げん》になったのに、滅びた宋の皇帝が愛聴していた式典音楽などをまたやろうというのでは、新しい王朝の正統性も何もあったものではなくなる。歴史をゼロ地点に戻す。音楽や舞踊はよくそうなるのです。焚書坑儒というのがありますが、「焚楽譜坑楽師」というのは中国史の基本でしょう。儒学は生き残っても音楽はいちいち変わる。前は分からなくなる。だから日本の雅楽のどの部分が隋や唐や渤海かは分からなくても、雅楽のどこかにはそれらの片鱗をとどめているのでしょうから、日本の雅楽のどこかは玄宗皇帝が聴いていた音楽にかなり近いのかもしれない。そのくらいのことは言えるけれど、それ以上は想像の域になる。音楽なんてそんなものです。

古代のギリシアやユダヤの音楽が今のクラシック音楽や民族音楽にどうつながっているのかといった議論も似た話です。古代の音楽が、いま私たちが聴いているクラシック音楽とどのようにつながっているかは、よくわからないというのが本当のところでしょう。

それでも確実なものがまるでないということはない。つながるところはどこかしらはある。ヨーロッパの音楽史で、中身がある程度はっきりしたかたちで今に連続していると考えられるのは、やはり中世に成立したといわれるグレゴリオ聖歌でしょう。それがひとつの大きな起点と考えて、大過ないかと思われます。

グレゴリオ聖歌の「グレゴリオ」とは、ローマ教皇グレゴリウス一世（在位五九〇〜六〇四）が編纂したという伝承によるものです。実際には、もっと後年の九世紀以降にまとめられたものではないかとされていますけれども。そのグレゴリオ聖歌は現在に至るまで、ローマ・カトリック教会の典礼などで歌われ続けていることになっています。実際には正確な歌唱のスタイルはよく分からなくなって、近代に復興するプロセスを踏んでいるので、そのままずっときちんと保たれてきたとは言えないのですが。

それでもグレゴリオ聖歌には九〜十世紀ごろに記されたネウマ譜という楽譜が数多く残されています。これはネウマ（古代ギリシア語で「合図」、「記号」を意味します）と呼ばれる記号を用いたもので、現在の楽譜のもとになったものとされています。この古式の楽譜を解読して歌えば、中世の響きは再現される。グレゴリオ聖歌が時代を超えて今に伝わるのは、必要な客観的情報が上手に記譜された楽譜を作り上げていたことが大きい。西洋クラシック音楽の発展は、楽譜のシステムを完備して、口伝直伝でなくても、楽曲をかなりの再現性をもって、情報として伝えられるようになってこそのものです。しかも、パートが多くて複雑に幾つもの声や楽器が絡み合う楽曲も、何段もの楽譜を使って、テンポとリズムが合えば、演奏する人間が変わっても、繰り返せるというのはかなりすごいことなのです。

そのシステムが教会で作られ、伝わっていった。この教会がこれまた大切です。せっかくシステムを作っても、中国の王朝のように、滅びるたびにシステムをつぶされては、何も残らない。また一から始めねばなりません。ところが教会はずっとヨーロッパに残っているのです。教会ある限り、システムが持続する。楽譜だけでなく、それを歌うコーラスとか伴奏のアンサンブルとかが持続的に発展するのです。今のところ教会は分裂はしても滅びてはいませんから。

宮廷音楽は壊滅することがありますが、宗教音楽はその宗教ある限り残ります。そしてキリスト教はむろん、ヨーロッパの異端として無理無理生き残ってきたシステムではない。本流そのものです。封建時代も絶対王政も近代民主主義も下に見て、二十一世紀まで健在である。このキリスト教の不動の権威が、クラシック音楽という文化を権威的に高め、持続発展させる根源的な装置であると考えてよいでしょう。

クラシック音楽の権威性のルーツ。それはグレゴリオ聖歌に端を発する教会音楽にあります。教会音楽は、キリスト教会の権威を示し、神の秩序をあらわす最高の道具でした。この宗教音楽としての特性は、その後、クラシック音楽が世俗化しても、脈々と引き継がれていきます。

バッハの『マタイ受難曲』やモーツァルトの『レクイエム』などの宗教曲はもちろん、音楽で世界の秩序を表現するという発想はベートーヴェン、ワーグナーをはじめとする十九世紀の巨匠たちにも通底する大テーマとなる。「クラシック音楽は世俗化した市民社会の神」という表現がありますが、音楽は世俗化したら単純に娯楽に堕ちるとは限りません。

近代科学と無神論がいくら幅を利かせても、国家や社会を保ち束ねる権威は必要で、個人の内面にも崇高な心のよりどころは必要です。そんなものが特定の教義でなくなってもなお存在しうるとすれば、崇高かつ抽象的なクラシック音楽というかたちでしか残り得なくなっている。クラシック音楽ホールが現代の教会になり、ベートーヴェンやマーラーやブルックナーの交響曲を聴いて荘厳な感覚を覚え感動し「心が清められました」なんて思う人があるならば、それはグレゴリオ聖歌の直系としてのクラシック音楽の効用が今に生きている証拠なのです。天皇で例えるのは適切とは思われませんが、グレゴリオ聖歌が神皇なら、ベートーヴェンやブラームスやブルックナーは人皇ですね。神代から人代に降りてきますが、「万世一系」であることに変わりはない。世俗化しても荘厳というのは、そういう理屈でしょう。

グレゴリオ聖歌とは

では、グレゴリオ聖歌とはどのような音楽なのでしょうか。

今ではCDやインターネットなどでも簡単に耳にできますが、その最大の特徴は単旋律（モノフォニー）であることです。ひとつのメロディを、みんなで一緒に歌う。歌詞はラテン語で、毎日決められたお務めやミサなどのときに歌われました。

またグレゴリオ聖歌は伴奏がなく、人間の声のみで歌われるのが基本形です。いわゆるアカペラです。アカペラのカペラは御堂のことでしょう。チャペルですね。チャペルのやり方で、というのがアカペラの原義でしょう。そのチャペルのやり方はグレゴリオ聖歌のように無伴奏、声だけの祈りの歌ですね。祈りは誠心誠意でなければならず、神に信仰心を吐露するのですから、そして祈るのは人間ですから、人間が楽器のような道具を使わず、生身の声で、自分の肉体だけで音を出すほうが正当であり、誠心誠意という具合になるとも考えられます。楽器を使うと、神に祈るというよりも、集まった信者に聴かせることの方に主眼が行くことになりませんか。裸の声に伴奏楽器が彩を与える。人間が聴く分にはその方が面白くなりがちでしょう。教会といえばオルガンで、それは起源が古く、古代から存在する楽器ですけれども、教会に置かれるようになるのはずっと後で、中世も十三世紀以降です。

さらにメロディの特徴ですけれども、今日の感覚からすればとても単調です。飛躍や変化に乏しい。子供の頃に歌った「♪カエルのうたがきこえてくるよ」というメロディを思い出してください。これをドレミで表記すると、「♪ドレミファミレド……」となり、隣り合った音がずっと順繰りに連なっていきます。これを「順次進行」といいますが、グレゴリオ聖歌のメロディにはこのなだらかな順次進行が多く用いられ、起伏に乏しい、ゆったりした旋律が展開されます。

ネウマ譜では、音の長さが示されていないため、リズムに関してはよくわからないところがありますし、他にも解読の仕方に定説のない記号などもあって、謎が残ります。しかし、テンポやリズムや強弱の変化を求めず、刺激のない、安穏で瞑想的な雰囲気の音楽だといえます。

ネウマ譜で記された
グレゴリオ聖歌

実は、こうした特徴は、古代中国の儒教音楽とも似ています。孔子の唱えた儒教では、「礼」と「楽」、すなわち儀式と音楽が非常に重視されていました。『論語』にも、斉の国で韶という音楽を聴いた孔子が「三月不知肉味」、三カ月の間、肉の味もわからなくなるほど感動したというエピソードがありますが、この儒教音楽がメロディの起伏に乏しく、一定の調子で、永遠に終わらないのではないかと思うほど坦々と続いていく。それは、永遠の秩序という儒教の理念を表現しているわけです。

ずっと時代は下りますが、日本でも江戸時代の儒学者、太宰春台（一六八〇〜一七四七）が三味線の流行に腹を立て、「あれは禁止するべきだ」と言い出します。礼楽思想に基づいて国の秩序を保っていくためには、音楽の種類を限定しなければいけない。下品で欲望を掻き立てるような音楽を糾弾して、倫理道徳と結びつくような音楽を称揚していかなければいけない、というわけです。三味線は、まさに享楽的で、動物的で、官能的——もはや淫靡な楽器である、と。この考え方は実は根強くて、幕末の水戸藩主、徳川斉昭（一八〇〇〜一八六〇）も三味線禁止令を出しています。

舞台を中世ヨーロッパの教会に戻すと、そこには、がらんとした空間を、安らかで、将来の救いを約束するような、清らかで平穏な歌声で満たした、俗世間の騒がしさを寄せ付けない、この世ならぬ世界が広がっている。これがグレゴリオ聖歌の世界です。

だから、メロディアスだったり、リズムが激しかったり、賑やかで官能的だったりする音楽は、感情をかき乱すものとして忌避される。民衆の娯楽としての音楽とは一線を画しむしろ対立する、権威と秩序の音楽がグレゴリオ聖歌なのです。

ハルモニア・ムンディ

ここで重要なのは、このグレゴリオ聖歌がけっして自然発生的なものではなく、きわめて人工的に、特定の目的のために、作られた音楽だったということです。

そもそも中世のキリスト教的世界観では、世界＝宇宙とは神の作ったものであり、そこには全てを統べる神の秩序が存在します。これを音楽にあてはめると、実際に人間が耳で聴く音楽は現象にすぎず、さらに最も高い次元の音楽として「ハルモニア・ムンディ」（宇宙のハーモニー）がある、と考えたのです。

宇宙の秩序それ自体が「神の音楽」であり、人間の耳では聴くこともできず、音である必要すらない、それこそが至上の音楽であるという考え方です。グレゴリオ聖歌は、その「神の音楽」の似姿、いわばコピーなのです。本当の音楽は聴こえないのだが、グレゴリオ聖歌は聴こえるということは、やはり罪深い人間向けに相当に劣化した音楽であるとも言えるわけですが。

こうした考え方は音楽だけにとどまりません。たとえば天文学。宇宙はカオスではなく、一定の規則正しいルールに則っている。そして、そのルールは神が決めたものだから、天体の動きを知れば、神の意志が理解できるはずだ——。十六世紀後半から十七世紀前半、ティコ・ブラーエ（一五四六〜一六〇一）やヨハネス・ケプラー（一五七一〜一六三〇）といった天文学者が膨大な観測記録を残したのも、その背後にある「神の秩序」を数理的に明らかにしようとする試みだったのです。

この「神の秩序」という考え方が、ずっと後まで、ヨーロッパの近代科学の確立に大きな影響を与えたことはよく知られています。ケプラーたちから約一世紀後のアイザック・ニュートン（一六四二〜一七二七）は聖書の研究にも打ち込み、黙示録に関する草稿を残しています。万有引力の法則や天体の運動の研究などに代表される彼の物理学も、その根本の動機は神の秩序の探究だったのです。

生物や植物の分類の体系化を始めて「分類学の父」と称されるスウェーデンの博物学者カール・フォン・リンネ（一七〇七〜一七七八）も、その思想のおおもとにあるのは、神の摂理の探求でした。

リンネには『神罰』という著作があるのですが、これは神罰を受けたとされる人のエピソードをたくさん収集し、そのパターンを分析することで、神の意志がわかるのではないか、という発想に基づいています。いまでいうビッグデータ的方法で神意を知ろうという大胆な試みともいえますが、実はリンネにとっては、神罰のデータを集めることも、植物を科学的に分類することも、根っこは同じでした。

グレゴリオ聖歌は、こうした大きな西洋思想の歴史の流れのなかに位置づけられます。世俗的な音楽ならば、歌って楽しい、聴いて心地いいといった人間の快楽を満たすことが目的で、人間の生理的なリズムや自然発生的な旋律がベースとなります。しかし、グレゴリオ聖歌は、人間が楽しいかどうかはどうでもいい、神の秩序、「ハルモニア・ムンディ＝世界の調和」を反映し、表現するのが、その目的なのです。

たとえば中世の教会音楽の特徴のひとつは三拍子を基本としていたことですが、人間の生理的なリズムからすれば二拍子のほうがずっと自然です。あえて不自然な三拍子を標準とした理由は、父・子・聖霊の三者が一体として神であるというキリスト教の「三位一体」になぞらえるためでした。

さらに言うなら、神が創造した秩序を地上で代行するというカトリック教会の役割を、音楽によって補強するために作られ、歌われたのがグレゴリオ聖歌だといえるでしょう。

世界が数理的な秩序で説明できる、という考え方は、「万物は数なり」と唱えたとされる古代ギリシアのピタゴラスなどにもみられますが、このピタゴラスは弦楽器などの実験から、音程と弦の長さの関係を明らかにしました。また惑星がそれぞれの音に対応し、ハーモニーを形作るという「天球の音楽」説も唱えています。これをキリスト教化すると、グレゴリオ聖歌の根本にある「ハルモニア・ムンディ」と非常に似た考え方ということになるでしょう。

人間は神のインストゥルメント

こうしてみてくると、グレゴリオ聖歌が楽器の伴奏なしで、人間の歌のみで構成されていることにも、重大な意味があることがわかってきます。さっき、誠心誠意、道具を使わず、自らの肉体だけで、という話をしましたが、それとは違った中世的世界観の話です。

けっして楽器が未発達だったから伴奏がついていないのではありません。さきほど申したようにオルガンも昔からあったのですし、笛や太鼓などの打楽器、弦をはじく楽器などは、古代から存在しており、多くの伝承などでは、むしろ世俗の音楽でさまざまに使われていたと推測できます。楽器が付いている方が自然なのです。雅楽の伝承する日本の古代歌謡でも、笛や打楽器が歌に付いている。ギリシア神話でもハープを弾きながら歌う神様や妖精がいるものでしょう。ところがグレゴリオ聖歌は、こうした楽器をあえて排除することで成立しているのです。

なぜか？　それを理解するには、中世キリスト教の世界観を押さえなくてはなりません。神はもちろん至上の存在です。では、その次に来るのは何かといえば、神の似姿として創造された人間にほかなりません。罪深い人間ではあるが、神の似姿には違いない。神が特別にわざわざ作ってくれたのがアダムとイヴである。どうしようもないものを神が作るはずはないので、いくら罪深くても、徹底否定されるほどではない。この神と人の二段階の階層構造は、音楽にも当然あてはまります。

そこで最高位に位置するのは、前にも述べた「神の音楽」、つまり宇宙全体の秩序そのものです。では、その次に尊い音楽とはなにか？　それは人体なのです。神の似姿である人間の体は、それ自体がひとつの宇宙であり、神の秩序が反映されている、と中世の人々は考えました。人間の体内を律するリズムや波動のようなものは、耳で聴くことはできないけれど、内なる宇宙の秩序であり、「ハルモニア・ムンディ」に内包されているというわけです。

これを「人間の音楽」とすると、実際に耳で聴くことのできる音楽とはなにか？ それは「インストゥルメント（道具）の音楽」です。楽器はもちろんインストゥルメントそのものですが、ここで重要なのは、人間の喉や声帯などもインストゥルメントに含まれることです。

実際に聞こえる音楽は、中世の音楽観では最下等のものですが、そのインストゥルメントのなかで最もましなもの、神との距離が近いもの、それが人間の声です。だからグレゴリオ聖歌は、楽器を排除し、人間の歌だけで構成されていたのです。

一神教の声、多神教の楽器

ここからは私の仮説になりますが、「楽器の起源」を考えてみることで、なぜ中世の教会が楽器を忌み嫌ったのかを説明できるような気がします。

楽器のルーツとして、叩いて音を出す打楽器は容易にイメージできますが、人類は空気によって音を鳴らす管楽器とどうやって出会ったのでしょうか。私が想定するのは、たとえば木枯らしの音です。強い風が吹いて、草や木の枝がヒューヒュー音を鳴らす。これを笛のルーツとしてみると、ある意味で、自然のなかに何か不思議なものがあるとするアニミズム、多神教的世界に近いものを見ることができないでしょうか。風の神、草木の神が奏でる音楽、それが原始的な楽器のルーツだとすると、神―教会―人間の一神教秩序を打ち出すキリスト教の音楽観とは真っ向から対立します。

グレゴリオ聖歌がアカペラである背景には、一神教対多神教の争いがあったのではないか、というのが私のあてにならない仮説なのですが、中世の教会が楽器を意識的かつ理念的に排除していったのは事実です。

それが次の時代になると、モノフォニー（単旋律）から複雑に声部を重ねていくポリフォニー（多声音楽）へ、人間の声のみのアカペラから、伴奏、器楽音楽へと大きく変わっていく。それは次章で述べるとしましょう。

酷使される西洋の身体

もうひとつ、「人間は神のインストゥルメント」に過ぎないという発想は、その後のクラシック音楽にも大きな影響を与えています。それを端的にあらわしているのは、オペラ歌手の体格でしょう。最近ではスマートな歌い手も増えましたが、大きな声量と豊かな響きのために巨大な体軀を維持する歌手も少なくありません。さらに極端な例がカストラートです。映画にもなったことで広く知られるようになりましたが、十六〜十八世紀、成人してもボーイ・ソプラノが出せるように、去勢されてしまった男性歌手のことです。あのベートーヴェンも美しいボーイ・ソプラノだったために、カストラートにさせられかけたという逸話があるほどです。

この根底には、「霊」すなわち精神的なもの、形而上学的なものこそが本質であり、「肉」すなわち実際の肉体や物質的なものは、単なる「道具」に過ぎず、劣ったものであるとするキリスト教的な肉体観があります。

私も習った経験がありますけれども、ヴァイオリンという楽器が西洋で発展したのにも、こうした「人間の肉体をインストゥルメントとして捉える」という発想が関係しているような気がします。

というのも、実際に演奏すればわかるように、ヴァイオリンは異常な楽器なのです。弦と弓を操作する両手を自由にするために、楽器を顎と肩で支えるというだけでも不自然極まりないのに、ホール全体に響き渡るほどの音量を、耳のすぐそばで鳴らし続けなければなりません。演奏者は必ずと言っていいほど耳を悪くしてしまうのですが、誰もそのことを問題にもしない。ヴァイオリンが生まれたのは十六世紀中頃ですが、人間の体に優しい楽器という方向では西洋の楽器は発展していないのです。

その証拠というか、ヴァイオリンの原型は西アジアで生まれ、それが洋の東西に伝播するのですが、イランでも中国でも、小さい擦弦《さつげん》楽器だって床か地面に片方の手で立てて、もう一方の手で弓を持って弾く。体からだいぶん離して、耳の近くになんか絶対に持ってきません。体に優しく楽器を弾こうとするとそうなるのです。笛は口元に持って来ないと仕方ないから、耳をつんざくような笛の音を顔のところで鳴らしてしまいもしますが、擦弦楽器を顎で挟んで耳元で鳴らそうとはヨーロッパ人以外は考えません。

確かに顎で挟んで、体のすぐ近くに楽器を寄せて、目でも弦のどこを指で押さえるかなどいちいち確認しながら、しかも右手で弓に圧力をたっぷりかけて弾けば、早業もやりやすくなるし、力強さも出る。でも体には悪い。それでも弓を速く動かし、大きな音で鳴らすことに特化するために、演者の肉体を、インストゥルメントの一部として扱おうとする。これが西洋文明の怖さですね。体を道具として見限るところから人間を非人間的に扱う発想が強まる。軍隊や工場の非人間的身体動作もそういう飛躍なくして出てこないですよ。

話は幕末日本に飛びますが、高島秋帆《しゅうはん》（一七九八〜一八六六）が天保年間に武蔵国の徳丸ヶ原、今の東京都板橋区で西洋式の練兵術を披露した。それを観た、老中の水野忠邦（一七九四〜一八五一）の腹心の部下、鳥居耀蔵《ようぞう》（一七九六〜一八七三）は人が揃って機械的に動くことを気味悪がって西洋式練兵術の排撃を主張する。このことを指して鳥居を時代遅れの代表のように誇るのが日本近代の常識ですが、鳥居はやはり人間的だったのではないか。人間と道具を区別していた。西洋は区別しない。

この怖さから西洋では機能的合奏が発達します。耳元でヴァイオリンを大音量で鳴らしてもおかしいとは思わない。これは一種の狂気ですが、その狂気は、人体を霊魂から切り離してインストゥルメントとして見放せる冷酷さから出来するのではないでしょうか。百人以上の交響楽団が整然と動く。ひとりひとりの情をすっ飛ばして、歯車化する快感を追求する。怖いですねえ。

儒教の「教養」

その点で興味深いのは、儒教との対比です。さきほどグレゴリオ聖歌と儒教音楽の類似性に触れましたが、肉体に関しては、儒教はまったく異なる考え方なんです。鳥居耀蔵も儒学者の家系ですよ。

明の儒学者で日本に亡命した朱舜水（一六〇〇～一六八二）が書いていますが、儒学で「教養」というと、「教」は孔子の教えを学ぶことであり、「養」とは栄養をとったり体を休めたりして身体を養うことだという。

儒教では、キリスト教のように、特別な儀礼を行うのは教会の聖職者であって、大多数の信者は教会で聖職者という羊飼いに導かれる羊のような存在、という構造を採用しない。儒教の教えに倣うものはみな等しく儒者であって、儒教に肝腎なのは礼節を尊ぶ儀礼であって、それを行うのはひとりひとりでなければならない。だから毎日、儒教の儀礼をきちんと執《と》り行うためには、しっかりした体が必要だ、というわけです。

これはキリスト教と儒教の時間観の違いでもあるでしょう。キリスト教が追求するのは本質的には死後の魂の救済です。救われる時点では、肉体はすでに脱ぎ捨ててしまった魂の容れ物に過ぎない。それに対して、儒教はあくまで現世の秩序を求めます。天の教えという概念はありますが、それを実現するのは生身の肉体である、と。擦弦楽器が中国に行くと、体から離して弓を扱う胡弓になったこと、すなわち、儒教文化からヴァイオリンのような、体をいためつける非人間的な楽器が生まれなかったことには、ある種の必然があったのだと思います。

第二章　宗教改革が音楽を変えた

ポリフォニーの時代へ

これまで見てきたように、中世ヨーロッパにおいて、クラシック音楽につながっていく音楽史の流れの担い手は、キリスト教の教会でした。ローマ・カトリック教会がグレゴリオ聖歌の編纂を手がけ、歌うのは修道士や神父たちです。聴衆は聖職者たち自身であり、ミサなどに参列する信者でした。

当時は、神父の説教も聖歌もラテン語です。もし民衆が聞いたとしても、意味を理解することはまず不可能だったでしょう。教会という空間、そして聖歌の神々しい調べ、神父の厳かな声と振る舞いが、理屈を超えて、信者たちにキリスト教のありがたさを植え付けた。その意味で、音楽は強力な教化の手段だったと考えられます。

こうした状況が大きく揺れたのが、十六世紀に始まった宗教改革でした。これはもちろんキリスト教世界全体の大変動でしたから、音楽のあり方も激変します。

また、この時期、より長いスパンでの変動として、いわゆるルネサンスが起こります。音楽史的には十六世紀末に最初のオペラが上演されますが、これは後に音楽の表舞台を教会から世俗的諸空間が簒奪していく大きな原動力となるのです。

そこですぐに宗教改革に入りたいところですが、その前に、グレゴリオ聖歌から宗教改革、ルネサンスに至る間で、クラシック音楽に起きた二つの変化について述べたいと思います。前章でも予告したポリフォニー（多声音楽）の登場と、楽器の多様化です。単声とか多声とかいうときの「声」は人間の声には限りません。声部の「声」を意味し、幾つパートがあるかということです。声でも器楽でも、たとえば二つのパートがあれば二声部です。ポリフォニーの「ポリ」は複数のものの重なり合いを意味する接頭語ですね。ポリエチレンとかの「ポリ」です。

複数の歌い手が同じ旋律を歌うグレゴリオ聖歌に対して、十世紀からルネサンスの時代へと、ローマやヴェネツィアなどの大教会を中心として、多くのパート（声部）に分かれて歌うポリフォニックな合唱音楽が発達していきます。

十七世紀のバロック時代以降の音楽になると、近代の合唱曲が主旋律と伴奏、主役と脇役という関係がはっきりしてくるのに対し、ポリフォニーでは各パートで独立したメロディ、相異なるメロディラインが対等に奏でられ、巧緻に絡み合って織りなされていくところに特徴があります。

その起点は、「オルガヌム」という唱法だとされています。名前の由来は組織、器官、道具を意味する「オルガノン」というラテン語です（楽器のオルガンもこの言葉がもとになっています）。英語のオーガナイズなどもここから出てきた言葉になります。

とにかく「オルガヌム」は、単旋律に同じ旋律を、オクターヴや完全五度（たとえばドとソ）や完全四度（たとえばドとファ）離してダブらせるところから始まったようです。高さが違うだけで旋律は同じで、揃って歌うのですから、これはポリフォニーとは呼び難い。むしろハーモニーですね。しかし、そこから動きがずれたり、似ているけれど違う旋律を重ねたりするように発展してゆく。異なる線が同時進行する音楽になってゆく。複数の音を組織するから「オルガヌム」ですね。このような変化は九世紀から十二世紀のあいだには起きていたと考えられています。

イスラム圏からの影響

では、なぜモノフォニーのグレゴリオ聖歌が支配的だった状況で、こうした複雑な音楽が発達したのでしょうか。

さまざまな説明の仕方があり得ますが、大きく分けると「内在説」と「外在説」に分かれるのではないでしょうか。

「内在説」はヨーロッパの内部で自己展開的にモノフォニーがポリフォニーになったという説明です。単純な一本のメロディばかりでは洋の東西を問わず飽きがくる。グレゴリオ聖歌も、神の唯一絶対の秩序をシンプルに表すなら単旋律という考え方にもなるけれど、神さまは壮大かつ人知を超えたものですから、単旋律では枯淡の境地すぎるとも言える。それにネウマ譜に一本のメロディしか書いていない時代でも、本当にそう歌っていたとは限らない。誰かが即興で第二の声部を歌っていたかもしれない。それが第三、第四と増えていくと、即興や口伝では済まなくなるから譜面に書き記す。そんな流れを想定するとヨーロッパの内部だけで説明できる。

「外在説」は要するに十字軍です。ポリフォニー音楽の本格的確立者はパリで活躍したレオナン（十二世紀の人）やペロタン（十二世紀末から十三世紀はじめの人）とされますが、この人たちの時代は十二世紀の十字軍の時代とかぶってきます。キリスト教に閉じこもっていたヨーロッパが東方の文物を吸収した時代ですね。十四〜十六世紀のルネサンスに先立って、「十二世紀ルネサンス」とも呼ばれます。

当時の東方では、イスラム文化が栄え、またヨーロッパでは途絶えたギリシア・ローマ時代の音楽の続きも行われていて、ポリフォニックな音楽が行われていた、あるいはそれを示唆する音楽が存在したとも考えられる。その外的刺激がヨーロッパの音楽を変えたのではないか。

事実、ギリシア哲学の古典などは、ヨーロッパのキリスト教世界では失われてしまい、ビザンツやイスラム世界に引き継がれていました。それが十二世紀から十三世紀に、イベリア半島のトレドなどで翻訳の拠点が作られ、アラビア語文献に翻訳されていたアリストテレスの哲学、ユークリッド幾何学、プトレマイオスの天動説、ヒポクラテスの医学などが、イスラム固有の学問とともに、ヨーロッパに流入してきたわけです。

もっとも「内在説」と「外在説」は、互いに矛盾するものではありません。ただ、この時期、十字軍の失敗や内部分裂などもあり、中世を支配したローマ教会の権勢が傾き始めたのも事実でしょう。そしてイスラム圏からもたらされた新知識とともに、未来永劫、平静な状態＝ローマ教会の支配が続くというグレゴリオ聖歌の世界像も揺らぎはじめた、とみることもできます。

楽器は西アジアから

この新しい流れは、楽器についてもあてはまります。

キリスト教会からは排除されても、古代ギリシアやローマの頃から存在した楽器などが、民衆レベルでは途絶えることなく演奏され、改良されて、その後のオーケストラの楽器につながったものも少なくないでしょう。たとえばフルート、オーボエ、クラリネット、ファゴット、トランペット、トロンボーン、ホルン、チューバといった管楽器はそうした気配が濃厚です。もともとホルンは角笛に由来し、狩人が獲物を捕らえたり、自分の位置を知らせるといった用途にも使われていました。近代の軍隊ラッパまでつながる合図と信号の音楽の系譜ですね。濡れても平気で野外でも音の通る楽器といったら管楽器。金属の成形の技術が高まると、金管楽器としてどんどん発達します。軍隊と革命と金管楽器や打楽器はとても関係がありますが、それは後の話になります。

そういう管楽器に対して、明らかにイスラム圏、西アジアの影響が強いのは弦楽器です。

まず早くにヨーロッパに入ってきたのは、リュートやギターなど弦を弾《はじ》くタイプの楽器でした。たとえばリュートのもととなったのは、古代オリエントからあるウードという楽器で、十字軍のころにヨーロッパにもたらされたという説もあります。また、このウードが東に行き、琵琶の原型になったとも言われています。だいたいそういうことなのでしょう。

さらに西アジア起源である可能性が高いのが、ヴァイオリンやヴィオラ、チェロといった弦を弓で弾く楽器です。ヴァイオリンが作られるようになるのは十六世紀中頃からですが、そのおおもとは十一世紀くらいに中東で使われるようになったラバーブだとされています。動物の毛で弓を作り、弦とこすり合わせることで、持続的な音を鳴らすという楽器はそれまでなかった。

中国の古典にも、「琴瑟《きんしつ》相和す」といった表現はあっても（瑟は大型の琴）、弓で弾く楽器は、ずっと時代が下って、宋のあたりにならないと出てきません。二胡などは「胡琴」と呼ばれるのですが、名前からもわかるように遊牧民によって西から入ってきた楽器なのです。

日本の雅楽にも、弓で弾く楽器は登場しないでしょう。唐代まで中国と付き合うなかで蓄積した音楽を、平安時代に集大成して出来上がったのが、今日に伝わる雅楽の主たる部分なので、楽器の更新もそこで止まっています。中国でも擦弦楽器が登場するのは宋代以降ですから、雅楽に入っているはずはありません。安土桃山時代あたりから弓で弾く胡弓が入ってきますが、日本では広まりませんでした。というのも、琴の弦は絹で作れますが、擦弦楽器の弓は動物の毛でしょう。胡弓の弦は絹ですけれども、ヴァイオリンやチェロの弦はもともとは動物の腸です。それから金属になる。要するに擦弦楽器は肉食や畜産の文化がないと育ちにくい。ヨーロッパの方が発達しやすいというわけです。

とにかくポリフォニックに精密に編みこまれてゆく合唱音楽の隆盛と楽器の復活／流入。これが十世紀から十六世紀にかけて、西洋クラシック音楽の歴史に起きた新しい流れでした。

荘厳な音楽と神の秩序

楽器の歴史に現代につながる要素が沢山出てくるといっても、この時点のヨーロッパでは教会音楽の主役は依然として声でした。クラシック音楽で楽器が主流になるのはもっと後のことです。十五世紀から十六世紀にかけて、ポリフォニーの重層化、複雑化がひたすら進行します。合唱のパート（声部）が非常に増えて、ややこしさの極みといった複雑なものになると、二十くらいの独立したメロディが並行し、聴き分けが不可能なほどになっていきました。

この時期の作曲家としては、十五世紀、ブルゴーニュ楽派（ベルギー、オランダ、フランス東北部を中心としたブルゴーニュ公国出身の音楽家）の代表的存在だったギヨーム・デュファイ（一三九七〜一四七四）や、続いてフランドル楽派（オランダ南部、ベルギー西部を中心とするフランドル出身の音楽家）のジョスカン・デ・プレ（一四五五〜一五二一）、オルランドゥス・ラッスス（一五三二〜一五九四）といった作曲家たちが活躍します。彼らはポリフォニーの技巧を駆使したミサ曲などを作る一方、シャンソン、バラードなどの世俗曲も数多く手がけています。

そうしたなかでも、ポリフォニー時代の最後の頂点を極めたのは、イタリアの作曲家ジョヴァンニ・ダ・パレストリーナ（一五二五〜一五九四）でしょう。「対位法の巨匠」と呼ばれるパレストリーナは、緻密で滑らかな旋律で、教会音楽の手本とされ、ローマのサン・ピエトロ大聖堂ジュリア礼拝堂楽長などを歴任、教皇礼拝堂作曲家の称号も得ています。

では、なぜこんなに複雑な音楽が作られたのでしょうか。それはパレストリーナらがミサ曲などで表現したポリフォニーの複雑さが、そのまま、神のつくりあげたこの世界の秩序の反映とみなされたからです。神の秩序はけっして単純なものではなく、むしろ様々な音、旋律が複雑に折り重なりながら、巧緻極まりない荘厳な世界を形作っていく。それこそが神の似姿として、より相応《ふさわ》しいと考えられるようになった。モノフォニーで神の永遠の秩序を感じていたのとはすっかり違っています。ルネサンス期からの科学の進展が神の世界の秩序を複雑化していった。世界観が迷宮的になってきたとも言える。簡単に見通せない。神はお見通しだろうけれど、人間には世界がややこしく感じられる一方になってくる。でもカオスではない。エントロピーの増大でもない。秩序があり法則があり、理論があり統一があり、たとえ細部は聴き分け不能でも、究極的には精密な秩序への信仰がある。それをあらわすのは多声部が巧緻に絡み合いつつ均衡し続けるポリフォニーの音楽しかないでしょう。

パレストリーナ

当然ながら、そうした複雑な宗教音楽を演奏するには、技量のある合唱団が必要です。たくさんの声部に分かれているのだから、歌い手の人数も増えていきます。一部につき一人でも、二十声部なら二十人要る。それだけ複雑な構造になれば、歌詞を聴きとるのも難しくなる。しかも言語は相変わらずラテン語である。知識人の書き言葉ではあっても話し言葉ではありません。一般の人々は聞いてももちろん理解できない。けれども、なんだかありがたい。信者＝聴衆の絶対に手の届かないところにあって、上から威圧し畏怖させひれ伏させるような音楽になってくる。大規模で複雑ということは、つまりそういうことです。

農業社会からの「変化」

もともとカトリック教会の「秩序」は、経済的、社会的には中世の農業社会に対応したものでした。カトリックの教会暦には、一年の周期で聖誕節や復活節などの行事が記され、このときにはどういうお祭りをして、どのような祈りを捧げるかなどが決められていましたが、こうした行事の多くは、農民たちの祭り、種まきや収穫などのサイクルをキリスト教的に意味づけたものでもありました。この教会暦をひたすら反復するようにして、一年を過ごしていく。そんな十年一日のような安定を維持することが、中世教会の「秩序」だったといえるでしょう。そこでは「変化」はむしろ忌避すべきものとして抑圧されてきたのです。坦々と永遠に日常が続いてゆくわけで、その「秩序」をあらわすにはモノフォニーでちょうどよかったともいえる。

ところが文明が進んで、「変化」が経済においても社会、政治においても促進されるようになります。すると富も蓄積されてしまう。富が社会に増えると世俗的権力が強くなってくるので、教会は面白くありません。なるべく教会が富を取り立てて、大聖堂を建てるとかする。教会が富を使ってしまう。世俗に富を残さないようにするのです。

中世も半ばを過ぎ、鉄製の農具や三圃《さんぽ》式農業などが普及するようになると、生産量も上がり、余剰生産物を交換する商業も発達してきます。加えて、十字軍などによるイスラム世界からのインパクト、さらに十五世紀後半には、クリストファー・コロンブスが大西洋を渡ってバハマ諸島に到達し、ヴァスコ・ダ・ガマがアフリカの喜望峰を回ってインドへの航路を確立するなど、いわゆる大航海時代の幕開けで、中世ヨーロッパの外側から、さまざまな物品や文化、科学知識などが流入するようになります。よりダイナミック（動的）な世界への転換が始まったのです。

　こうなると、スタティック（静的）な状態を維持しようとするカトリック教会の支配はうまくいかなくなってくる。それでも複雑さを神の世界に回収し続けようとするから、ポリフォニーの音楽も発達する。ところが神の永遠の秩序とダイナミックな資本主義の発達というのは、どうしても平仄が合わない。教会が無理やり押し付ける「秩序」に、多くの人々が疑問を抱いてゆくようにもなります。パレストリーナが細密なポリフォニーを極める時代は、実はローマ教会の財政が苦しくなって、大規模な聖歌隊などを維持しきれなくなってくるときと重なっていました。パレストリーナは音楽家としての実践面では苦労が多かったのです。ポリフォニーの技法を極め、精巧な秩序を音で表現するための条件が、パレストリーナが生きて働く環境から失われつつあった。ポリフォニー音楽が最後の果実を得たときは、それを支えてきた世界は没落の一途を辿っていった。実りのときが滅びのときだったわけです。

ルターは何に反対したのか？

教会権威の失墜。ポリフォニー音楽の黄昏。それをいよいよもたらす具体的な契機は宗教改革です。

一五一七年ですから、パレストリーナの生まれる八年前のこと、ドイツの神学者マルティン・ルター（一四八三～一五四六）は九十五カ条の提題を発表します。そのなかには当時ローマ教会が発行していた贖宥状《しょくゆうじょう》（かつては免罪符と訳されていました）への批判も含まれていました。

ローマ教会では、施しや聖堂の改修といった、教会のために金銭を提供することで救済に近づけるという考え方に基づき、購入すれば最後の審判のときに罪が軽くなるとする贖宥状を発行します。ちなみにこのときのローマ教皇はレオ十世（一四七五～一五二一）。メディチ家最盛期の当主ロレンツィオ・デ・メディチの次男で、ミケランジェロやラファエロのパトロンとして、ある意味、ルネサンス文化をプロデュースした人物でもありました。救済をお金で買えるという発想自体、商業＝貨幣経済的な考え方そのものであり、中世の

クラナッハの描いたルター

農業社会的世界観が大きく揺さぶられていることのあらわれだったともいえるでしょう。

とはいえ、ルターはローマ教会そのものを否定したわけでも、ましてやプロテスタントという宗派をつくろうとしたわけでもありません。贖宥状がキリスト教の教義に適うものかどうか、神学的な議論を提起しようとしたのですが、カトリック側が「信仰の問題に疑義を呈することは、教皇の無謬を疑うことだ」と強硬姿勢を示し、激しい論戦が巻き起こります。

一連の論争の中でルターが主張したのは、聖書に根拠をもたない秘跡や慣習の否定であり、人はあくまでも信仰によって救われるのであり、教会の制度や日々の行いによってではないということでした。さらに自説の撤回を求められたルターは、「聖書に書かれていないことを認めるわけにはいかない」とこれを拒絶します。

これはローマ教会としては許しがたい逸脱でした。彼らの立場からすれば、教皇およびローマ教会こそが唯一の神の代理人であり、何が正しいかを決めるのはあくまで教会なのです。

それに対し、ルターは正しさの根拠は聖書にある、と主張したわけです。聖書を読むことで、神の言葉を通じて、神と直接対話することを目指したルターは、改革者というよりも、かつてのキリスト教に戻るべきだと考える復古主義的な側面を強くもっていました。しかし、それは同時に、神と人間の関係から、仲介者であるはずの教会を排除するものだったのです。

一五二一年、ローマ教会から破門されたルターは、ラテン語で書かれてきた新約聖書をドイツ語に翻訳します。これは教会＝一部の聖職者による聖書の独占を打破するものでした。

歌が広げる教え

ここまでは、いわば教科書的な宗教改革のおさらいです。ではルターの宗教改革に音楽はどんな役割を果たしたのでしょうか。

ルター作曲「神はわがやぐら」の自筆譜

ルターは聖書をドイツ語に訳しました。これは確かに大きなポイントです。でも、それでキリスト教の教えが民衆にすぐ伝わりやすくなったというわけではありません。当時のヨーロッパではまだまだ識字率は低く、ドイツ語訳されたからといって、みんなが聖書を読めたわけではないのです。目では限界がある。文字では伝わらない。やはり耳であり声なのです。ルターたちの教えを広めるのに力があったのは説教であり、音楽でした。

ルターはもちろん説教でもラテン語を用いず、ドイツ語で行うようになります。すると、一般の民衆にも話の内容がわかる。これまでのように意味もわからずラテン語の説教をありがたがり、唯々諾々と教会の言うことに従う必要はありません。贖宥状のように、聖書のどこにも書かれていないような、いかがわしい救済によって、お金を巻き上げられることもないわけです。

そのうえルターは音楽にも通じていました。譜面が読めて、作曲も編曲もある程度までできる。セミプロの音楽家であったといえばいいでしょうか。そんなルターは音楽の効能もよく知っていました。教会で歌われる歌も、ラテン語の聖歌でなく、ドイツ語の讃美歌に代えていきました。たとえば「神はわがやぐら」などは、ルターが作って、いまでもプロテスタントの愛唱する有名な讃美歌です。

またルターの周囲には、ヨハン・ワルター（一四九六〜一五七〇）のような作曲家も集まり、新しい宗教音楽づくりに協力していきます。一五二四年にはルターが序文をつけ、ワルターが編纂したプロテスタント初の讃美歌集が出版されています。

ここで重要なのは、それまでのグレゴリオ聖歌からポリフォニーの教会音楽までは修道士や神父といった専業の宗教者が歌い、信者はだいたい聴く立場だったのが、宗教改革以後、プロテスタントでは信者たちが自ら歌いかつ祈る、いわば参加型のスタイルに変わっていったことです。

だから、歌詞はドイツ語、メロディもシンプルで覚えやすいものが求められる。ポリフォニーのような複雑なものは、とても素人には歌えませんから。メロディは基本的には歌いやすい単旋律（モノフォニー）。そこに簡単な伴唱や伴奏が加わります。こうした音楽をコラール（讃美歌）といいます。自分たちが日常使っている言葉で、神の教えを歌い、神を讃え、聖書の教えを自分たちなりに内面化していく。これが宗教改革によって生まれた新しい音楽でした。

実は、これは日本の鎌倉仏教にとても似ています。平安仏教の音楽は複雑で大規模で、荘厳さを追求しました。ポリフォニーではありませんが、旋律はとても凝ったものになり、装飾的で複雑になっていきます。僧侶の声明《しょうみょう》に雅楽の伴奏まで加えることもありました。そうやって難しい経典を歌いあげるのです。

ところが平安仏教を支える宮廷や貴族の政治力、経済力が翳って、壮大な仏教声明、つまり長く訓練された僧侶たちによる壮大なお経コーラスの時代は落日を迎えます。高位・高収入の人間ばかりが救いを約束されるかのような平安仏教の教えは衰える。かわってわかりやすい言葉で民衆に説法し、彼らの信仰に支えられようとする鎌倉仏教の時代が来る。民衆が自ら声をあげて宗教の教えを唱えるという点では、浄土宗と浄土真宗の「南無阿弥陀仏」もそうですし、日蓮宗・法華宗では「南無妙法蓮華経」とお題目を唱えながら木《もく》柾《しょう》や団扇太鼓を打ち鳴らします。日本語の詞に旋律がついた親鸞（一一七三〜一二六三）

の和讃、一遍（一二三九～一二八九）の踊り念仏などは、日本版の讃美歌といってもいいかもしれません。

コラールはとにかく歌いやすいことが重要ですから、すでにあるミサ曲にドイツ語の歌詞をつけたり、歌いやすいようにアレンジしたり、さらには民衆の間で歌われていた民謡、俗謡、流行歌などにキリスト教的な歌詞をつけたりもしました。

これも画期的なことで、それまで教会の音楽＝聖、民衆の音楽＝俗として、両者は切り離されたものだったのに対し、プロテスタントでは聖俗の垣根を越えて、世俗音楽のメロディが教会にもどんどん入ってきたわけです。

このコラールのスタイルに通じるものは、現代にもみられます。よく知られているのは、黒人による教会音楽のゴスペルでしょう。ゴスペルとは「福音」の意味ですが、アフリカ音楽のリズムやメロディと讃美歌が融合し、独自の音楽を形成しています。

もっと身近な例では、戦後日本のうたごえ運動が挙げられます。革命歌、労働歌、ロシア民謡、フォークソングなどの合唱を中心としたもので、年配の読者の方はご記憶されているのではないでしょうか。あれはまさにコラールの左翼運動版といえるでしょう。

プロテスタンティズムと独唱の精神

もうひとつ、宗教改革の音楽の特徴は、独唱・独奏が重視されるようになっていったことです。

これはなぜか？　いささか大風呂敷にみえるかもしれませんが、マックス・ヴェーバー（一八六四〜一九二〇）が『プロテスタンティズムの倫理と資本主義の精神』で論じた、ジャン・カルヴァン（一五〇九〜一五六四）の「予定説」を下敷きとして考察してみたいと思います。

宗教改革運動の有力な指導者カルヴァンは、最後の審判の日に救われる者はあらかじめ神によって決定されており、人間はそれに関与することはできない、と考えました。贖宥状などは論外として、善行なども意味はないわけです。

人間は、未来が神によって予定されている存在なのだから、できるのは神から与えられた召命（ベルーフ）としての労働、いわゆる天職と、信仰に専念して、一生懸命生きるしかない、というのがカルヴァンの教えでした。

こうした世界像は、ローマ教会が提示してきた「神の国」とは大きく異なります。

ローマ教会のいうことを聞いて、その秩序に従っていれば、地上にも神の似姿としての世界が現前する——それを音楽で表現したのが、グレゴリオ聖歌であり、ポリフォニーの教会音楽でした。壮麗なポリフォニーは、現世に神の秩序を再現し、それを味わい、法悦し、圧倒されるために存在したのです。

しかし、こうしたローマ教会が上から与えてくれる神の救いが疑わしくなってしまうと、せっかくポリフォニーで神の国を再現しようとしても、説得力を失ってしまう。それよりも、自分が救われるかどうかは神に委ねてしまって、ひたすら自分が祈り、一生懸命仕事するしかない、というのが、予定説の世界像なのです。

教会＝共同体の秩序は頼りにならず、自分自身で聖書を読み、祈り、直接神と結ばれるしかない、といった個人の原理が前面に出てくるとき、音楽の表現も、人間が自ら声を発して、その一生懸命さを必死にアピールしていくことが重要になります。「私は神を一生懸命に信じています！」と自ら伝えていく行為として、歌う。そのときのスタイルは、グレゴリオ聖歌のようなみんなが同じ旋律を歌う斉唱ではなく、ポリフォニーのように、複雑極まりない組織の一部として、決められたパートを守り続けるといった管理社会のような合唱でもなく、個人が自分の思いを歌い上げる独唱になっていくのです。

つまり、宗教改革は、民衆が主体的に信仰と音楽に参加していくコラールの「参加の原理」と、「私」に与えられた天職をまっとうし、ひとりで歌い、一対一で神とつながろうとする独唱の「個人の原理」という二つの方向性をもっていたといえるでしょう。

そして、「参加の原理」からは誰でも歌いやすいという理由で、「個人の原理」からは一生懸命な「個人」のアピールとして、歌は再びモノフォニーに向かっていったのです。

音楽は単純化した

またカトリックの側でも、さきにパレストリーナのところで少し触れたように次第に壮麗なポリフォニーは維持できなくなってきます。

まず宗教改革が進むにつれ、ローマ教会の勢力が弱まってきます。ドイツなどで世俗領主層がプロテスタントを支持した大きな理由のひとつは、膨大な領地を所有していたカトリック教会の権益を奪い、我が物にすることにありました。一五二七年には神聖ローマ帝国皇帝カール五世の軍隊がローマを侵略(ローマ劫掠)、徹底した略奪と破壊を行い、ローマ教皇クレメンス七世は降伏を余儀なくされます（皮肉なことにカール五世自身はカトリックだったのですが、戦ったドイツ兵の多くはプロテスタントでした）。さらにはオスマン帝国の台頭によって、隆盛を誇っていたイタリアの自由貿易都市が地中海の制海権を失っていきます。

宗教的権威が衰え、経済的にも後退することで、ポリフォニーが必要とする大規模な聖歌隊などはもう維持できなくなり、パレストリーナは辛い立場に追い込まれてゆくのです。芸術というと、時代が進めば進むほど、技術も内容も進歩していくというイメージがありますが、この時代に起きたのは、精緻で複雑で、演奏の規模も壮大なポリフォニーから、メロディもわかりやすくて単旋律になっていく「単純化」へのプロセスでした。見方によっては退化したともいえますが、そこでは、神の秩序を表象するパノラマのような音楽から、個人を主体とした参加と、魂の叫びとしての音楽への大転換が起きていました。近代の自由主義や民主主義を用意する音楽が登場したのです。

オペラの誕生

この時期、ローマ教会の絶対性が揺らぐ過程で、もうひとつ、神の秩序を目指す音楽から離れ、人間の感情をストレートに表現する音楽ジャンルが誕生します。これがオペラです。

コラールがドイツなど北方のヨーロッパで発達したのに対し、オペラが誕生したのはイタリアでした。

オペラのはじまりは、古代ギリシアの演劇を復活させようという動きから始まったとされています。ちなみに古代ギリシア劇では五十人ほどの合唱隊がいて、観客に劇の背景やあらすじを伝え、さらには観客の反応を増幅させる働きなども果たしていました。このコロスと呼ばれる合唱隊が、コラール、コーラスの語源でもあります。

最初に作られたオペラは、十六世紀末、フィレンツェの作曲家ヤコポ・ペーリ（一五六一〜一六三三）の『ダフネ』だといわれ、題名からもわかるようにギリシア神話に材を求めたものでした。愛の神エロースの悪戯で、芸術の神アポロンは河の神の娘ダフネを愛し後を追いたくなる金の矢で、ダフネはアポロンから逃げずにはいられない鉛の矢で射られてしまいます。アポロンに追いつかれそうになったダフネは、父の河の神に頼んで、自らの姿を月桂樹に変えてしまいます。それを悲しんだアポロンは月桂樹の枝から冠を作り、その月桂冠をいつも身につけるようになった——というよく知られた神話です。このオペラ『ダフネ』は台本は残っていますが、音楽となると断片的にしか伝わっていません。

この時期のオペラの作り手で代表的存在といえば、なんといってもヴェネツィアの作曲家クラウディオ・モンテヴェルディ（一五六七〜一六四三）でしょう。一六〇七年に発表された『オルフェオ』は現代でも上演される最古のオペラです。そしてこの『オルフェオ』もギリシア神話に登場する、死んだ妻を冥府まで取り戻しに行く吟遊詩人オルフェウスの物語でした。

個と官能の爆発

しばしばルネサンスとは古代ギリシア、ローマ文化の復興だといわれます。では、本当にこうしたオペラは古代文化の復活を目的にしたものだったのでしょうか？　私はギリシア文化は一種の隠れ蓑だと思っています。それは同時代のイタリアの人々の生々しい感情、とくに愛欲や怨恨などドロドロした欲望を表現することでした。そのために、堅苦しいキリスト教文化は横に避けて、それよりも以前の文化、ギリシア神話を引っ張り出してきた、というのが実態でしょう。

これは新渡戸稲造の『武士道』に書かれていることですが、ギリシア神話のゼウスに祈るときは、天に向かって祈る。そこにゼウスがいることが前提なのです。それに対して、キリスト教化した後は、目をつむって祈るようになる。つまりキリスト教の神は目に見えない、超越的な神だというわけです。

つまり、オペラの世界は目に見えない超越的なキリスト教の神の世界ではなく、現世、目に見えて手で触れる人間の世界を描こうとしたのです。しかし、あまりに現実に近づくと、たとえば貴族たちのスキャンダルなどをそのまま描くと、いろいろと差し障りが出るので、現世的なギリシアの神々の世界に仮託した。歌舞伎の『仮名手本忠臣蔵』が、現実に起きた赤穂事件に材を取りながら、わざわざ室町時代に舞台を置き換えたのと似ているかもしれません。

ルネサンス絵画でもサンドロ・ボッティチェッリ（一四四五〜一五一〇）の『ヴィーナ

スの誕生』に代表されるように、ギリシア神話をテーマとした裸体画は多く描かれていますが、ルターの友人で、彼の肖像画も多く残しているドイツの画家、ルーカス・クラナッハ（一四七二～一五五三）は、王侯貴族などからの注文に応え、自分の工房で、神話などを題材にしたヌードを量産しました。ルターとヌードの組み合わせは意外に思えますが、こうしてみると、教会の抑圧からの解放という時代の流れを感じることができるでしょう。

モンテヴェルディは、もともとはポリフォニーの作曲家としてスタートしましたが、やがて独唱を中心とする弾き語りの音楽、モノディ様式でも優れた作品を発表するようになります。モノディの人気は、明確なメロディライン、聴き取りやすい歌詞によるものでした。何を歌っているのか、というメッセージが重要視されるようになってきたのです。

オペラではそれぞれの役が、自分の言いたいこと、愛しているとかあいつが憎いといった情動を、それぞれのセリフとして歌い続けます。演劇的な朗唱にメロディが強調され、そこに身振り手振りがついて、さらに感情が増幅されていく。また世俗の欲望の表現という意味では、オペラの〝声〟も重要でした。単に豊かな声量で歌う、というのではなく、絶叫に近いような、エクスタシーと結びついた独特の発声法だといえます。

オペラが演じられる場所も、もはや教会ではなく、貴族や富裕な商人たちのサロンや劇場など世俗の空間になります。ヴェネツィアには世界初のオペラ専用の劇場が作られ、モンテヴェルディはその劇場のためにいくつもオペラ曲を作っています。このオペラハウスが富裕層の娯楽と社交の場として機能していくのです。

個の感情の爆発、官能性の表現、ギリシア神話などに姿を借りて現実の人間世界がテーマとなり、世俗の舞台で堂々と演じられるようになること。オペラの誕生は、こうした音楽の世俗革命だったといえるでしょう。

愛の歌マドリガーレの世界

またモンテヴェルディは、声楽曲マドリガーレの名手でもありました。このマドリガーレにはオラトリオ会などの信徒組織で歌われた宗教マドリガーレもありますが（パレストリーナが多くの作品を残しています）、恋愛などを歌い上げた世俗マドリガーレが人気を集めます。

モンテヴェルディの作品名をいくつか挙げると、「おお恋人よ、おお私の命よ」、「紅く美しい唇の周りで」とストレートに愛を称えるものから、「あの勝ち気な彼女の所へお行き」、「私はこんなに燃えているがあなたを愛さない」、「その美しい手が罠を編んだ」、「いとしい女よ、あなたの刃は」といった、なにやら不穏なムードの漂うものまで、いずれにしても濃厚な愛を感じさせます。

こうした愛の歌としてのマドリガーレはどこで演奏されたのか。貴族や商人のサロン、宴席で歌われるのはもちろんのこと、たとえば寝室の隣の部屋にマドリガーレの歌い手を呼んで、男女がふたりでお酒や食べ物とともに、音楽を楽しんでいたようです。まさに愛のBGMとして使われたわけですね。考えてみると、モンテヴェルディは「神の秩序の再現」としてのポリフォニックな宗教音楽から、「ベッドのお供」たる世俗マドリガーレまでこなしたわけです。彼の才能の幅の広さとともに、モンテヴェルディの生きた時代が、急速に移り変わる過渡期だったこともあらわしているように思えます。

楽器と声の関係

音楽史や美術史では、ルネサンス以降、十六世紀末から十八世紀半ばに至る時期の文化を、バロックと呼びます。

次の時代へのつなぎとして、バロック期のクラシック音楽における楽器の位置づけに触れておきましょう。

前にも述べたように、中世の教会音楽においては、人間の声こそが最高のインストゥルメント（楽器）だとされてきました。

しかし、モノディ様式の楽曲でも、オペラでも、伴奏のための楽器は次第に存在感を増していきます。モンテヴェルディの『オルフェオ』には初演時の楽譜に、楽器の指定が書き込まれています。もともと古代のギリシア悲劇でも楽器が用いられていましたから、古代文化の復活という意味でも、楽器による伴奏は、自然な発想だったのかもしれません。

バロック期を代表する楽曲として、最もよく知られているのは、イタリアの作曲家アントニオ・ヴィヴァルディ（一六七八〜一七四一）の『四季』でしょう。このヴァイオリン協奏曲のヴァイオリンの独奏パートを思い浮かべてください。まさに〝歌いまくる〟といっていい演奏ですね。

それもそのはず、おそらくヴィヴァルディはオペラでの独唱を念頭に、オペラの〝声〟を楽器でなぞることを考えたのだと思われます。だから、人間が歌うときのヴィブラートのように、弦楽器を振動させて、音を揺らす。独奏という最大の見せ場だからこそ、ヴァイオリンを人間の声のように奏でることが目指されているのです。

もっと声に近いのは、管楽器です。息を吹き込み、管を鳴らすという意味では、喉も管楽器のひとつといえる。バロック音楽では、カストラート（去勢された男性歌手）に象徴されるように、まるでひっくり返ったような高い歌声に、フルートやオーボエ、トランペットといった管楽器を重ね合わせる、といった手法が盛んにみられますが、これも声の官能性を、楽器によって増幅しようという狙いなのでしょう。

つまりバロック音楽における楽器には、まだ人間の声の模倣という面が非常に強い。これがどのように変化して、現在、われわれがクラシック音楽といわれて思い浮かべるような、器楽がむしろ主役の音楽になっていくのかは、次章以降のお話になります。

第三章　大都市と巨匠たち

宮廷音楽の世界

ルネサンス、宗教改革を経て、クラシック音楽の主な舞台は教会から世俗の世界に広がっていきます。この章に登場する、ほぼ同世代の三人組、ヨハン・セバスティアン・バッハ（一六八五～一七五〇）、ゲオルク・フリードリヒ・ヘンデル（一六八五～一七五九）、ゲオルク・フィリップ・テレマン（一六八一～一七六七）はいずれも教会と宮廷の両方で音楽活動を行っていました。

教会とともに、音楽をはじめとする芸術のパトロン、消費者の中心となっていったのは、現世の権力を握った王侯であり、貴族たちでした。彼らは専属の芸術家を雇って、常に自分たちのために作品をつくらせ、宮廷や自分たちの屋敷・別荘などで演奏させます。

そうした宮廷のなかでも最も華やかだったのは、フランスの太陽王ルイ十四世（一六三八～一七一五）の時代でしょう。フランスは絶対王政の中央集権国家として、国王に全国家の権力と富を集中させることに成功しました。その象徴であるヴェルサイユ宮殿は広大さと壮麗さで知られていますが、王室礼拝堂、室内、野外の三つの音楽隊が常備され、それぞれ数十人の楽士を抱える大規模なものでした。そこにはフランソワ・クープラン（一六六八〜一七三三）など、フランス内外から多くの音楽家が集められました。

そのヴェルサイユ宮殿で、ルイ十四世の寵愛を得て、トップの宮廷音楽監督を務めたのが、イタリア出身のジャン＝バティスト・リュリ（一六三二〜一六八七）でした。リュリは多くのバレエ曲で有名ですが、その音楽は活力に富んでいました。王と貴族と市民が作り出す新しい世界の活気ですね。人間中心主義的である。人が踊る音楽に入れ込むというのは人間の肉体が素晴らしいということで、もうかなり世俗的です。キリスト教会や仏教寺院では普通踊らないでしょう。激しく踊るというのは、シャーマンのトランス状態のときのような宗教的な踊りもあるけれど、権威と秩序を作り出す荘厳なものとは、普通、肌が合わない。そちらに趣味が流れるというのは、つまりは世俗化です。

また、リュリは、オペラと言えばイタリア語と相場が決まっていたのを、フランス語を母語とする人たちにはやはりフランス語によるオペラがよいという当たり前に目覚めて、フランス語オペラの制作を推進しました。ラテン語の宗教音楽が、意味が分からないけれどありがたいというところから、ルターが民衆にもわかるドイツ語の讃美歌に切り替えてしまった話の世俗権力版といいますか、イタリア語をありがたがってもしようがないのではないかという発想の転換ですね。その模範をフランスでお雇い外国人のイタリアの音楽家が示した。日本の近代でも、お雇い外国人が日本的なものとは何なのかを示した例には事欠きません。岡倉天心に東洋美術の素晴らしさを教えたのはアメリカ人のフェノロサであったわけですから。リュリは、その意味でフランスに投げ込まれた大爆弾でした。フランスといえば今日に至るまでオペラとバレエの国ですが、その原点にはイタリア人がいたのです。

ルネサンス期の先進国イタリアの音楽家は、その優れたテクニックとセンスと先進性を評価され、イタリア人を雇うことがフランスに限らず、王侯貴族たちのステータスになっていった。ハプスブルク帝国もイギリスもロシア帝国もそうです。ずっと時代は下りますが、ウィーンの宮廷楽長で、映画『アマデウス』でモーツァルトの敵役として描かれたアントニオ・サリエリ（一七五〇〜一八二五）もイタリア人でした。

リュリの雇い主でもあったルイ十四世は民衆の人気を得るために、ヴェルサイユ宮殿を自由に見学することを許します。さらに夏には大規模な祭典を催し、オペラやバレエなどを夜通し演じさせて、見物する民衆たちを喜ばせました。ちなみにルイ十四世はバレエ好きで、「太陽王」と呼ばれたのも、バレエで太陽に扮したことに由来します。

ルイ十四世は教会や貴族たちの力を牽制するために、ブルジョワ出身者を多く登用しましたが、民衆に宮殿を開放したのも、自らのパワーを直接誇示し、ほかならぬ王自身がこの国の支配者であることを示すためだったと思われます。

一方、神聖ローマ帝国の支配力が弱く、およそ三百もの領邦国家に分かれていたドイツでは、楽団もずっと小さく、十人くらいでこぢんまりとしたものになります。しかし、これにはメリットもありました。

ヴェルサイユ宮殿の楽団のように規模が大きくなると、あまりにも複雑な曲は、練習するだけで大変です。みんなが合わせやすいように、楽曲的にはシンプルな方が効率的なんですね。もちろん、フランスのバロック音楽は、とてもサンシブルな、つまり感覚が濃やかな、鍵盤楽器や弦楽器の独奏音楽、あるいは少人数の室内楽も発達させますが、それはすなわち孤独に籠るという方向ですね。大規模な社会の社交はうるさい、わずらわしい面もあるので、その反動が出てくる。マスと個に二極分解するのが、この時代のフランスの音楽です。

それに対して、ドイツの小さな楽団の方は、いわば直接民主主義的な、ひとりひとりの顔の見える、親密な社交ができる。親密圏と呼ばれるものができやすい。音楽だと、技法的には凝った曲を演《や》りやすい。適度な人数だと、意思の疎通を濃厚にできるからです。近代ドイツ音楽の発展には、国々のサイズが小さく、親密で個々人が名人芸を競い合い、切磋琢磨するような環境が作られやすかったことも幸いしたともいえます。

バッハよりテレマンの方が上だった

ところで太陽王ルイ十四世はブルボン王朝の第三代の王ですが、その二代後のルイ十六世はもう断頭台の露と消えてしまいます。それだけ急激に市民の時代になってゆくのです。イギリスが先行し、フランスもドイツもそれを追いかけていく。ルイ十四世が七十六歳で没するのは一七一五年。もう十八世紀です。市民の顔がどんどん大きくなってきます。クラシック音楽の表舞台に、教会や宮廷も大事だけれど、経済的に成長を遂げた都市のブルジョワが出てくる。音楽の新たな「受け取り手」として、市民層が浮上してくるのです。

そのあたりをうかがい知るために、テレマン、バッハ、ヘンデルという、ほぼ同時期に、ドイツで生まれた三人の音楽家の生涯を比べてみましょう。

現在では、「音楽の父」と呼ばれるバッハの評価と知名度が群を抜き、オーケストラ作品の『水上の音楽』やオラトリオ『メサイア』などで知られるヘンデルが続きます。この二人に対して、テレマンは知名度では水をあけられているでしょう。

しかし、同時代での知名度、評価は必ずしもそうではありませんでした。バッハとテレマンは仲が良く、音楽的にも互いに認め合っていましたが、当時の人気はテレマンのほうが圧倒的に上でした。生前のバッハは作曲家としてよりも、オルガン奏者としての評価のほうが高かったのです。テレマンはヘンデルとも付き合いがありました。ヘンデルは当時も今も有名ですけれども。

彼らの音楽のスタイルの違いには、それぞれが活動拠点とした都市――テレマンのハン

上からテレマン、バッハ、ヘンデル

ブルク、バッハのライプツィヒ、そしてヘンデルのロンドン——の違いも大きな影響を与えているように思えます。ここからは都市に注目して、三人を比較したいと思います。

楽譜出版も手がける

まずテレマンです。経済的に豊かになってきた市民層は、新たな音楽の消費スタイルを発達させていったのですが、テレマンの仕事の仕方は、まさにそうした新時代の都市の音楽生活に対応していました。

彼が活躍したのは、当時の国際的な商業都市ハンブルクでした。ハンブルクは中世からハンザ同盟の一員として栄えた港湾都市でしたが、宗教改革後、カトリック地域で迫害されたプロテスタントやユダヤ人の商人たちを受け入れ、新大陸からの砂糖や銀、染料などの流通拠点として繁栄します。

テレマンは一七二一年からハンブルク市の音楽監督に就任。歌劇場の音楽監督と五つの教会のカントル（キリスト教音楽の指導者）も兼任します。すると、市や教会の行事のたびに、新作を書く。たとえばハンブルクには海軍もありましたから、海軍の記念式典があれば、そのための音楽を作る。もちろん劇場で上演するオペラも作曲します。それだけでなく、裕福な市民層相手に、自分の作品を予約販売もしました。こうして販売された有名な楽曲に『ターフェルムジーク』があります。これはテーブル・ミュージック、すなわち宮廷の宴席で人気だった室内楽を集めたものでした。要するに食事のときのBGMですね。

八十六歳と長寿に恵まれ、晩年まで現役として活躍したテレマンが残した楽曲は、オペラ四十曲、室内楽二百曲、協奏曲百七十曲、受難曲四十六曲、管弦楽組曲六百曲以上、教会カンタータ千七百曲以上とされています。バッハも一千以上の曲を残していますが、テレマンは四千曲を超えるといわれ、あまりにも膨大なため、二十一世紀になっても音楽学者にも好事家にも全貌がつかみ切れていません。バッハだと全作品が録音物になっていますが、テレマンにはそんな日は永遠に来ないかもしれません。

都市との関係で興味深いのは、テレマンの作品の中には、エキゾティックで奇抜な響きがする曲も少なくないことです。これはテレマンがハンブルクに来る前にシレジアに居たことがあってポーランドの民族音楽を山のように聴けたということがありますけれども、ハンブルクはさまざまな国の人々が行き交う国際貿易都市ですから、音楽もいろいろな地域の響きを取り入れることが喜ばれるし、そういう需要があるのですね。

奈良時代の奈良の都は国際都市といわれましたが、渤海楽とか高麗楽とか、アジアのいろいろな地域の音楽を演奏するそれぞれの専門の楽師が宮廷に用意されていたといいます。なぜそこまで多国籍的な音楽が併存しているかといえば、遠方からの来客を喜ばせるためでしょう。おもてなしですね。今の日本人も欧米に行ってもわざわざ日本料理屋に行くではないですか。音楽もそうなのです。付き合いのあるところの響きは取り込んでしまっておくに限る。そうすると仲良くなれるのです。国際貿易都市とはそういうものです。横浜に行ったら中華料理屋があるではないですか。ハンブルクは北海やバルト海の都市とも交易があり、商売のネットワークはアメリカ大陸にまで広がっていました。国際色豊かなのです。音楽はローカルにはとどまれないのです。

さらにテレマンが先進的だったのは、自分の作品を楽譜にし、雑誌形式の定期刊行物として販売したことです。当時は、もちろんレコードもネット配信もあるはずがありません。教会や劇場に足を運ぶ以外に音楽を楽しむ方法としては、やはり自分たちで楽器を演奏することが今以上に重要でした。コンサートで何か聴いてくる。いい曲だったと思う。記憶をなぞりたい。そのとき録音を再生するなんて楽しみはテレマンの時代からだとまだ一世紀半も先のことです。楽譜を手に入れてそれを読むか音に出してみるほかありません。

それぞれが自分の楽器を練習し、合奏を楽しむ。これも、もともとは王侯貴族の間の娯楽でした。たとえばプロイセンのフリードリヒ大王（一七一二〜一七八六）の得意な楽器はフルート。自分で作曲したフルート協奏曲が残されているほどです。こうした王侯貴族の文化に憧れて、自分たちも楽譜を読んで楽器を演奏しようというのが、市民の成り上がり欲求を満たす方法の一つでした。農村のお祭りで笛や太鼓をたたいていた人が、貿易都市に出て商売をして一家を構えたとしましょう。そのとき昔の村の笛太鼓というわけにはいきません。ブルジョワのステータスというものがございます。テレマンはそういう市民層のニーズに応えたのです。縦笛やヴァイオリンでなるたけ簡単に、素人でも比較的容易に演奏できる、しかも、当時の流行をきちんと押さえた曲、歌曲をどんどん書いたのです。

公共の世俗的催事のための音楽を次々に書き、教会音楽も作り、オペラなどの娯楽も提供し、玄人ではない市民にも演奏可能な作曲をして楽譜出版事業にまで乗り出す。まさにテレマンは市民の時代の幕開けを象徴するような作曲家だったのです。

「音楽の父」の日常

これに対して、バッハがオルガニストや宮廷楽長として活動したのは、ヴァイマル、アルンシュタット、ケーテンなどのドイツの小都市がほとんどでした。

そのバッハが後半生の活動拠点としたのがライプツィヒでした。ドイツの中東部に位置するライプツィヒは、内陸交通の交点として、古くから通商都市として栄えた町です。しかし、海外貿易の要衝であったハンブルクと比較すると、経済規模、国際性で一歩譲ります。

一七二三年、バッハはライプツィヒにある聖トーマス教会のカントル兼市の音楽監督に就任しました。その点では、ハンブルクのテレマンと同じようなポジションですが、町の規模が違います。実はこのときには、先にテレマンに声をかけたところ断られ、仕方なくバッハにしたという記録もございます。

教会のカントルとしてのバッハの仕事は、日々の礼拝のために、年間で何十曲というカンタータ（器楽伴奏つきの宗教声楽作品）の新曲をつくり、ミサ曲をつくること。そして、教会にやって来る市民に音楽を教えることでした。

こうした教会のための音楽の多くは、〝使い捨て〟に近い感覚だったと思います。バッハのカンタータには、曲づくりが間に合わなかったのか、前に作った曲からモチーフを持ってきて、新曲に仕立て直したものもあります。作品として長く残そうとするものというよりも、今で言えば、映画やテレビのBGMの感覚でしょう。同じ曲が仮に混じったとしても、とにかくその日その日のイヴェントに間に合って、音楽が流れればよい。一部が使いまわしだって、全体が以前の曲の作り直しや仕立て直しだって、怒る人はいない。カンタータのような曲は機会音楽であって、それが必要とされる機会に無事演奏されて流れることが第一義で、オリジナリティの要求は順位として低いのです。教会付きの作曲家のデイリーワークとはそういうものです。

バッハはオペラを手掛けませんでしたが、教会のためのカンタータをはじめとする宗教的声楽作品はオペラ的なところ、音楽劇的なところがあると言えばあります。教会のミサの神父や牧師の説教は一人芝居みたいなものですし、そこに音楽が付き、歌い手が付き、楽器が付き、というのが、要するに教会の宗教音楽ですから、これはたとえば義太夫節の浄瑠璃が、はじめは語る太夫と伴奏の三味線の二人だけだったものが、それだけではさみしいので、人形や装置が付いて文楽のお芝居に発展したのと似たようなものです。神父や牧師がキリストの誕生や受難の話をいくら迫真の説教で盛り上げても、ひとり語りでは限界があります。バッハに限らず教会の劇的音楽というのは、そうしたときに出てくるものです。独唱者が語り役や聖書の物語の登場人物を務めて役柄を歌い、合唱団が信者の反応を代弁して「それはたいへんだ」とか「そんなことでいいのか」とか「主よ、はやくなんとかしてください」とか歌う。これはもう演技なきオペラなのです。バッハはその種の宗教音楽を仕立てる熟練工でした。『マタイ受難曲』とか『クリスマス・オラトリオ』とか。劇場向けのオペラとは違うけれど、教会という一種の劇場で歌われる音楽劇のようなものとして、カンタータやオラトリオは考えていい。信者はキリストの誕生や受難の物語を言葉と音楽で追体験する。教会向けの音楽だけのオペラですね。

またバッハは、大学生の演奏団体の指揮者になり、世俗カンタータと呼ばれる作品を多く作っていますが、たとえば、通称『コーヒー・カンタータ』は、当時、ライプツィヒでコーヒーが大流行したのをからかった内容で、オペレッタに近い味わいがあります。

バッハがオペラを作らなかったのは、嫌いだったからではなく、単に頼まれなかったからでしょう。バッハがオペラを作ったら、ちょっとまじめすぎたかもしれませんが、シリアスな名作が沢山出来たと思います。もしもバッハが、テレマンのようにハンブルクで、ヘンデルのようにロンドンで働いていれば、そうなっていたでしょう。ではなぜそうならなかったのか。話が戻るようですが、人気がそこまでなかったからですね。資金が豊富で、お客も多く、作曲家のギャランティも高くて、競争の激しいところでは、バッハの出番はなかったのです。

バッハが「時代遅れ」とされた理由

では、後世「音楽の父」と讃えられるほど重要な作曲家であるバッハが、なぜ同時代にはそれほど高い評価を受けなかったのでしょうか。それはバッハが、かつてのポリフォニーの音楽の時代にこだわっていたからです。ポリフォニーの音楽の手法として重んじられ、バロックの音楽の時代が進むにつれてどんどん廃れていってしまっていたフーガやカノンといった対位法的な手法を徹底的に使って、音楽を緻密に、数学的に織り上げていくことにこそ、音楽の本分があると信じ続けていたからです。それはとても時代錯誤なことでした。それは、たとえるならば、村上春樹がよく読まれている時代に、森鷗外や幸田露伴のような文章を書いていたようなものだったのです。

バッハが特にこだわったのが、声部がみな対等で動いていくということでした。ポリフォニーの原則とはそういうものです。異質な線が対等の重みで動いて均衡し続けるのがポリフォニーの原理です。ポリフォニーにかわってバロック期に主流となったモノフォニー（単旋律）の音楽になると、主役がはっきりしています。そこでは主旋律と伴奏という主従関係が出来上がる。その主役の感情の表現として歌があり、メロディがある。オペラのソロ・シンガーやコンチェルトのソリストは、まさにこの主役の精神を体現するものです。

なぜそうなのか。やや復習になりますが、バロック時代は人間中心主義です。太陽王もフリードリヒ大王もハンブルクの市民もみんな主役だし、主役になりたいし、主旋律を吹いて弾いて歌いたいのです。神の秩序のパーツであり歯車である人間の時代はもう終わり。だから多の均衡と秩序を表現するポリフォニーの音楽は廃れていったのです。秩序より変化。静より動。ところがバッハは相変わらず秩序の探究者でした。バッハが反時代的存在である所以《ゆえん》です。

先にみたように、バッハもバロック期の作曲家として、カンタータなどでは、こうしたオペラ的な表現のニーズにも応えていました。それはつまり教会に集う人々のニーズということです。しかし、彼が個人として追い求めた音楽は、それとは別のところにあり続けたのです。

一例を挙げましょう。『音楽の捧げもの』(一七四七年)です。これは、社会のニーズに応える、人々が演奏するということを前提とするものではなく、バッハの作曲家としての欲望、〝秩序欲求〟とでも呼ぶべきものを満たすための作品といえるでしょう。それは同時代の人々にとっては、高度かつアナクロ(時代錯誤)すぎて、よくわからないものでした。

『音楽の捧げもの』は、タイトル通り、フリードリヒ大王に捧げられたものでした。バッハ家は音楽家を数多く輩出していることで知られていますが、バッハ——ヨハン・セバスティアン・バッハの次男、カール・フィリップ・エマヌエル・バッハ(一七一四〜一七八八)も作曲家として名をなしていました。名前の中にあるフィリップは、テレマンの名前でもありますが、実はテレマンが彼の名付け親だったのです。それほどバッハとテレマンは仲が良かった。カール・フィリップ・エマヌエルは、テレマンの跡を継いでハンブルク市の音楽監督となりますが、これもテレマンの指名によるものでした。同時代的には、父の大バッハよりも、この次男のほうが有名だったのです。

しかし、この次男は、父の大バッハをとても尊敬していました。作風がアナクロかどうかはともかく、父の音楽能力が驚異的水準にあることを誰よりもよく理解していた。そこでフリードリヒ大王の宮廷に仕えているときに、「私の父はすごい音楽家なのです。一度宮廷にお呼びください」と売り込んだのです。先にふれたように、フリードリヒ大王は、フルートを吹きます。自分でつくった曲を自分のオーケストラに伴奏させ、自分でフルートのソロを吹く。いかにも俺こそが主役、というバロック人でした。

フリードリヒ大王は、カール・フィリップ・エマヌエルの薦めに従い、父の大バッハを呼んで、ひとつのメロディを与え、それをもとに即興演奏を命じました。

バッハはチェンバロで三声のフーガを演奏し、二カ月後、二曲のフーガと四楽章からなるトリオソナタ、そして十曲のカノンからなる作品を提出しましたが、これが巧緻きわまりないポリフォニックな音楽だったのです。フリードリヒ大王が提示したメロディも、いろんな楽器に振り分けられ、フーガやカノンの技法を駆使して、精密に絡み合っていきます。バッハがポリフォニーの粋を尽くして自らのタレント（才能）を見せつけている音楽なのですから、これはもう主旋律と伴奏みたいなバロックの主流の好みにしたがって楽しめるところはまるでないと言ってよいくらいのものです。

演奏するのも難儀。音を取るのも大変。要するに難解。それはルネサンス期のポリフォニーの教会音楽が目指した、神の律する世界の隙のない荘厳な秩序を音楽で写し取るという理想を、バッハなりに十八世紀に引き取って追求するものだったのです。

与えたメロディを主役として際立たせ、華やかにフルートで吹きまくれるような作品を期待していただろうフリードリヒ大王にとっては、取り扱いに困るものだったのではないでしょうか。

最晩年に着手され、未完成に終わっている『フーガの技法』も、同様の〝秩序欲求〟に駆られた音楽ですが、この譜面には楽器の指定がされていません。現実に演奏されるというよりも、バッハの脳内で抽象的に完結する、演奏されることをもしかして必要としない、純然たる音のコスモスを書き出した、という感があります。それはバッハにとってのハルモニア・ムンディ、宇宙の音楽でありましょう。ハルモニア・ムンディは聴こえなくてよいのです。

ドイツの小都市を巡り、教会専属の音楽家だったバッハは、こんなふうに時代の流行とは少し違うところで、独自の音楽を追い求めていました。それは同時代的には異端でしたが、後の時代に思い出され、音楽の歴史につながって生きてくるのです。だから結局やっぱり、バッハは「音楽の父」になるのです。

大都市ロンドンに渡ったヘンデル

続いてはヘンデルです。彼の活動はついにドーヴァー海峡を越えます。

プロイセン王国の都市ハレに生まれたヘンデルは、ハンブルクやイタリアで音楽を学び、ヴェネツィアではローマ皇帝ネロの母による陰謀を描いたオペラ『アグリッピーナ』が大当たりをとります。二十五歳でハノーファー侯の宮廷楽長となったヘンデルは、その年にロンドンを訪れ、翌年オペラ『リナルド』を発表しました。その後、ハノーファー侯が英国王ジョージ一世として即位すると、ヘンデルの活動の拠点も、本格的にロンドンに移るのです。

十七世紀になると、ヨーロッパの経済の中心はイタリアからスペイン、ポルトガルに移り、さらに十八世紀には、オランダやイギリスに移っていきます。ヘンデルが活躍した時代、ロンドンは拡大を続け、世界的な大都市に成長しつつありました。労働や商売のために集まってきたさまざまな人々が、新しいロンドン市民となります。イギリスは資本主義の最先進国であり、ということは富裕な市民もいちばん多い。それは新たな聴衆の誕生でもありました。彼らは、オペラをはじめとするクラシック音楽を楽しもうと、劇場やコンサートホールに足を運びます。ブルジョワ階層は、ヨーロッパのどの町よりも厚く形成され、劇場の数は増え、規模も大きくなっていくのです。

ヘンデルはその波に乗りました。ロンドンで作られた王室音楽アカデミーの主要メンバーとなり、アカデミーの音楽の大半を作曲し、『エジプトのジュリアス・シーザー』、『ロデリンダ』といったオペラを相次いで発表します（その後、他の団体との競争が激化し、アカデミーは倒産してしまいますが）。

ヘンデルが後半生に力を傾けたのはオラトリオの作曲でした。オラトリオとはもともと「祈禱室」の意。それが転じて、大規模で物語的展開のあるキリスト教音楽をそう呼称するようになりました。聖書のセリフなどをたくさん使って、ドラマティックに盛り上げていく。つまり演技を伴わない物語音楽。お芝居というよりは叙事詩的。舞台はないが、音楽だけでスペクタクルを想像させるもの。合唱の力に頼るもの。そういう要素を併せ持つのが、オラトリオだと思えばよいでしょう。

ヘンデルは、このオラトリオを英語で作り、劇場で上演しました。その特徴はとにかく合唱の出番を増やし、ほとんど主役にしてしまうところにあります。なかでも一七四二年に発表された、代表曲とされる『メサイア』（英語でメシア、救世主）は演奏に約二時間半かかる大曲ですが、面白いのは、上演されるたびにどんどん合唱の人数が増えていったことです。ヘンデル没後の一七八四年には五百十三人の大オーケストラで演奏されましたが、一八五七年には五百人のオーケストラと合唱が二千人。その後、合唱団は最大四千人にも膨れ上がります。まさに声のスペクタクルですね。これはヘンデルのもともとの曲自体が、合唱がいくらでも増やせるような作りになっているからなのです。

市民とコーラス

こうした曲が生まれた背景には、大都市ロンドンの勃興する市民のエネルギーがあったと思います。

新興のロンドン市民の間で、音楽は娯楽であると同時に、社交の手段ともなっていきます。なかでも、市民層が愛好したのが合唱でした。

たとえばベルリン・フィルハーモニー管弦楽団、ロンドン・フィルハーモニー管弦楽団ということの、フィルハーモニーとは、調和（ハーモニー）を愛する（フィル）という意味です。そのルーツをたどると、音楽を愛好する市民のサロン、同好会につながっていきます。

その街の市民で、音楽を愛する人たちがつくる同好会があって、自分たちが音楽を楽しみたいから、会費を出し合って楽士を雇い、オーケストラをつくって、演奏会を開いてみんなで足を運ぶ。場合によっては一緒に歌う。これがフィルハーモニーの原点です。

ロンドンのような急成長した大都市には、さまざまな人々が故郷の共同体を離れ、流れ込んできます。そして、一定の成功を収めると、そこで新たなコミュニティをつくる。音楽は、そうした結びつきのひとつになりました。宗教改革のコラールでもわかるように、音楽、ことに合唱や合奏には、人々を結びつける力があるのです。

『メサイア』のコーラスがどんどん人数を増していくことと、大都市ロンドンの成長は無関係ではありません。何千人ものコーラスとなると、とても専門の歌手だけではまかなえませんから、当然、市民による合唱団の参加が前提になります。それどころか、市民は参加料を支払ってでも、このオラトリオに加わりたいわけですから、大合唱はそれ自体がビジネスにもなったのです。

ロンドンは市民社会化が真っ先に進んだ都市です。市民がお金を出して音楽を聴いて楽しむという、現在のような演奏会のあり方の原型、あるいは自ら参加するという形態が、ロンドンでは先駆的に発展していきました。

かつてはグレゴリオ聖歌やポリフォニーの宗教合唱曲など、教会が神のために歌ったコーラスが、劇場で市民が楽しみ、参加し、連帯を深めるための音楽になっていくのです。そして、少し先回りして言ってしまうと、その完成形がベートーヴェンの「第九」なのです。

モーツァルトの就職活動

十八世紀の市民の台頭は、商業経済の発展によるものでした。しかし、それには地域差があります。経済活動が活発になるほど、格差も生じます。個人の間でも成功した者と流れに乗れなかった者との隔たりが生じましたが、地域によっても、そうした分裂が起きたのです。

社会的にも分裂が生じます。中世のキリスト教世界は教会の支配のもと、どこにいっても同じ秩序が前提とされた社会でした。ローマ教会、ラテン語、グレゴリオ聖歌によるユニバーサルな秩序が成り立っていたわけです。ところが宗教改革以降、その秩序は崩れていきます。まず言語が異なってくる。ドイツではドイツ語の讃美歌を歌い、ロンドンでは英語でオラトリオを歌うようになります。

ロンドンやアムステルダム、ハンブルクのような先端的な大都市では市民層が主役になっていくのに対し、ドイツやオーストリアなどの小さな領邦国家では、十八世紀の後半になっても、まだまだ領主たちの力が強く、従来の王侯貴族の支配が続いていました。そこでは音楽の中心は、依然として宮廷や大貴族の邸宅であり、そこにレギュラーの楽団、座付きの作曲家として雇われることが、音楽家として生活する道だったのです。しかし、そうした宮廷音楽家としての就職先は、次第に先細っていきます。

モーツァルト

その就職難の波をまともに受けたのが、かの天才ヴォルフガング・アマデウス・モーツァルト（一七五六〜一七九一）でした。彼の生涯の大半は、ヨーロッパ中の宮廷などをまわる就職活動に費やされたといっても過言ではありません。

ヴァイオリニストでザルツブルクの宮廷音楽家の父を持つモーツァルトは、幼少期から神童と呼ばれ、ザルツブルクの宮廷に仕えつつ、ウィーン、パリ、ロンドンといった大都市やイタリア各地への旅を繰り返します。それは音楽修行でもあり、演奏家としての巡業でもあり、より良い就職先を求める旅でもあったのですが、どこでもうまくいきませんでした。

一応は神聖ローマ帝国皇室宮廷作曲家やクラヴィーア教師などの肩書きがつきますが、それで十分に食えるような待遇ではなかったのです。バッハ、テレマンなどが正規雇用の宮廷楽長だとすると、モーツァルトは非正規雇用の扱いでした。これは各国の宮廷がすでに衰えをみせていたことも大きい。王にも貴族にもお金が無くなってくる。市民に負けてくる。江戸時代の大名が大都市の大商人に借金漬けにされてしまうようなものです。たとえばパリで宮廷に就職しようと思っても、その宮廷自体が終焉へと向かっていたわけです。モーツァルトの早い晩年には、フランス革命が起き、ブルボン王朝そのものがなくなってしまいます。

一七八一年、ついにザルツブルク大司教と決裂したモーツァルトはウィーンに定住し、フリーランスの音楽家として活動する道を選びます。宮廷や貴族に曲を頼まれるにしても、その都度、ギャラなどの交渉をし、納めた楽曲の分だけのギャラを受け取ります。ウィーンで彼が日常的に行っていたのは、ピアノ作品を自作自演する演奏会でした。さらにはピアノのレッスン、楽譜の出版などを手がけ、作曲家兼演奏家兼興行主兼出版業者など、一人何役もこなしながら、生計を立てていたのです。

一七八六年に作曲したオペラ『フィガロの結婚』は、プラハで大きな反響を呼び、続く『ドン・ジョヴァンニ』も成功を収めたのですが、しかしそれでも生活は苦しかったといいます。

これが十九世紀のベートーヴェンになると、作曲家として、より自立できるようになります。楽譜出版が産業として花開くのも十九世紀になってからですし、その頃には市民層の拡大により、音楽教師の口もずっと増えるのです。

モーツァルトは、自由奔放、周りの人々に迷惑ばかりかけている天才というイメージが強いのですが、就職という面から見ると、彼こそまさに過渡期の悲劇を体現した人物でした。

不安の時代の音楽

実はモーツァルトが現在のように偉大な音楽家としての評価を確立するのは二十世紀に入ってからのことです。

それまでは、モーツァルトとはどのような作曲家だと認識されていたのかといえば、彼の曲は流れが良くて響きも素晴らしいが、深刻さ、深みがなくて、軽い、軽薄だというイメージでした。

こうしたモーツァルトのイメージを変えたのが、ドイツの音楽評論家パウル・ベッカー（一八八二〜一九三七）でした。ベッカーは第一次世界大戦後のいわゆる戦間期に活躍した評論家ですが、モーツァルトは不安の時代の音楽家である、という見方を提示したのです。それを踏まえて、日本の文芸評論家、河上徹太郎は著書『ドン・ジョヴァンニ』のなかで、モーツァルトの音楽を「寄る辺なさ」というキイワードでつかまえようとします。モーツァルトを聴いていると、突然、ハシゴを外されることがある。サラサラと流れていたかと思うと、急にどこかに行ってしまって聴いている方が取り残されてたじろがされてしまう。

これぞ寄る辺なさ。そこが魅力なのだという議論です。

それがさらに河上の親友である小林秀雄になると、有名な「モオツァルトのかなしさは疾走する。涙は追いつけない」ということになります。涙を流すのはかなしいと思ったあとである。しかし涙を流したときには、もうモーツァルトの音楽はその先に行ってしまっている。共感と信頼なんて関係はそこから出てこない。共感したつもりになったときには、共感して涙が出たと思ったときには、もうモーツァルトは違ってしまっている。そのくらい敏感にスピーディに揺れ動いているんだと。まさに寄る辺なし、定住できる家なし、という世界ですね。

これまで、脈絡がなくただ流れていくようだ、とか、摑みどころがないと評されていたモーツァルトの曲は、自分が踏みとどまる、確固とした足場がないという不安を表現したものだ、というように解釈が大きく変わっていったのです。

モーツァルトの音楽の神経過敏なところ、予定調和に終わらないところが、第一次世界大戦以降の現代人の不安な心理に響いたのでしょう。

こうした再解釈によって大きく評価が変わるのは、音楽というジャンルならではの面があります。たとえば文学や哲学でも新しい意味付けや再評価は起こりますが、もともとのテキストである文章の意味合いはそこまでは変われないのではないでしょうか。シェイクスピアやドストエフスキーの解釈も変わりますけれど、リア王が娘に裏切られるとか、ハムレットが鬱々としているとか、『罪と罰』の老婆殺しとかは、いや、そうではないとは言えないでしょう。文字でそう書いてありますから。

しかし、音楽作品は、基本的には音符の並びによって構成されています。そこには言語的な意味は記されていません。だから、そこで展開されているメロディやテーマをどう解釈するかは、受け取り手の側に、相当委ねられている部分があるのです。

たとえば、それまで軽快な曲だとされていたモーツァルトの曲を、ある人が寄る辺ない不安の曲だ、と感じたとします。その解釈が、その時代の中で説得力を持つと、今度は演奏者も不安な曲として演奏するようになるでしょう。楽譜に記された音の並びは変わらないのに、時代によってまったく異なって聴こえるようになるのです。その音をどう理解するかという人間の思考によって、音楽は変わってくる。モーツァルトはそうした代表的なケースでもあります。

イタリア語はオペラの公用語

さて、大都市のロンドン、ハンブルク、ややローカルなライプツィヒ、残念なモーツァルトと、ヨーロッパを回ってきましたが、地域という点でユニークだったのはイタリアです。

この時代のイタリアは、政治的にも経済的にも、ヨーロッパのなかでどんどんと置いてけぼりを食らっていた時期でした。都市国家、それぞれの地域の諸侯、教会が入り乱れて分裂が続き、十八世紀末にはナポレオンに攻め込まれてしまいます。

しかし音楽に関しては、一八〇〇年頃までは、イタリアは優位を保っていたのです。先に述べたように、ヴェルサイユ宮殿の音楽部門を仕切ったのはイタリア出身のリュリでしたし、チェンバロ曲で有名なドメニコ・スカルラッティ（一六八五〜一七五六）はマドリッドの宮廷で多くの曲を残しました。ベートーヴェンなどからも賞賛されたルイジ・ケルビーニ（一七六〇〜一八四二）もウィーンやパリ、ロンドンに招かれるなど、海外での活躍が目立ちます。

また十七～十八世紀のイギリスでは、裕福な貴族の子弟が数カ月から数年をかけて、ヨーロッパを旅することが流行しました。そのなかで最も人気があったのがイタリアです。ヨハン・ヴォルフガング・フォン・ゲーテ（一七四九～一八三二）も『イタリア紀行』を著しているように、イタリアの文化遺産、芸術は憧れの的だったのです。

音楽的に重要なのは、なんといってもオペラです。当時、オペラはイタリア語で歌う、というのが常識でした。パリであろうとロンドンであろうと、オペラと名乗るのならば、イタリア語を使う。かつての聖なるラテン語のように、オペラの世界ではイタリア語が公用語だったのです。

たとえば十九世紀になっても、『セビリアの理髪師』や『ウィリアム・テル』で知られるイタリアの作曲家、ジョアキーノ・ロッシーニ（一七九二～一八六八）は当時、最も成功した音楽家といえるでしょう。三十七歳でオペラの作曲をやめ、高級レストランを経営したり、自ら新しい料理を作ったりと美食三昧の暮らしを送りました。

モーツァルトの『魔笛』はドイツ語ですが、これはむしろ例外で、オペラとは名乗らず、ジングシュピール（歌芝居）として発表されました。オペラという言葉からしてイタリア語ですから、イタリア語でないオペラなんて、日本語でない歌舞伎みたいなもの。それがヨーロッパの常識だったわけです。モーツァルトの代表的オペラ『フィガロの結婚』や『ドン・ジョヴァンニ』はもちろんイタリア語です。

経済的、政治的にはピークを過ぎても、文化・芸術面では繁栄が続いたという点で、この時期のイタリアから、今の日本も学ぶべきものがあるかもしれません。

エステルハージ家からロンドンへ

最後に、クラッシック音楽の受け手が王侯貴族から大都市の市民層へ劇的に変化したことを、まさに一身で体験した有名な音楽家について触れたいと思います。「交響曲の父」フランツ・ヨーゼフ・ハイドン（一七三二～一八〇九）です。

声変わりのため、ウィーンの聖歌隊を解雇されたハイドンは、作曲の勉強を積み、フリーの音楽家として活動します。そんなハイドンにボヘミアの貴族が目をつけ、宮廷楽長に招きますが、経済的に苦しくなり、ハイドンを手放さざるをえなくなります。そのとき、登場したのがハンガリーの大貴族エステルハージ侯爵でした。ハイドンは一七六一年に副楽長に就任、一七六六年からは楽長として作曲からオーケストラの運営まで仕切るようになります。

エステルハージ家はいわば〝戦闘貴族〟の家柄で、一六八三年にオスマン帝国がヨーロッパに進撃し、ウィーンを包囲したときにも、ハンガリー王位にあったハプスブルク家に忠誠を誓い、最前線で戦いました。そしてハンガリー王国最大の大地主であり、時としてオーストリア皇帝に匹敵する財力を有していたのです。

だから十八世紀の後半、貴族に富が集中する時代ではなくなってきても、ハイドンをはじめとする楽団を雇い、大貴族としての威厳を保ち続けました。

エステルハージ家は、冬を過ごすためだけの館など、いくつもの大邸宅を持っていましたが、一七六〇年代にエステルハーザという夏の離宮を建設します。ここには大規模なコンサートホール、中国風のダンスハウス、フランス式の広大な庭園などがありました。そこではエステルハージ家の人たちが楽しむためだけにコンサートが開催されていて、ハイドンは彼らのためにオペラやシンフォニーを書いていたのです。これぞモーツァルトが目指した生活でしょう。

しかし、ハイドンは王侯貴族に雇われるという雇用形態でかなり好き勝手を許されて楽しく豊かに働くことの出来た、いわば最後の大物だったといえます。事実、一七九〇年、パトロンだった当主エステルハージ侯爵が亡くなると状況は一変、次代の当主は、楽団のリストラをはかります。

オーケストラを抱えるというのは大変なことです。作曲家を一生雇い、楽団員の賃金をきちんと払い続けるのは、エステルハージ家ほどの大貴族でも、もはや負担しきれなくなっていたのです。

楽団員はほとんど解雇され、ハイドンも楽長という肩書きは残り、年金は払われますが、仕事の発注はなくなります。

ハイドン

そこに声をかけたのが、ヨハン・ペーター・ザロモン（一七四五〜一八一五）というドイツ人の音楽家でした。ザロモンはむしろ演奏会のプロデューサー、プロモーターとして活躍した人物で、後にはロンドンのフィルハーモニック協会の創立メンバーにも加わりました。このザロモンの招きでハイドンは一七九一年にロンドンを訪れ、以後、何度もロンドンで市民相手のコンサートを開いて大成功を収めていきます。実はザロモンはモーツァルトも連れてこようとするのですが、これには失敗しました。

こうしたザロモンのような興行師の活躍自体が、市民が聴衆としてクラシック音楽を支える時代の象徴といえるでしょう。

寝た子も起こす交響曲

興味深いのは、エステルハージ時代とロンドン時代とで、ハイドンの音楽も一変することです。

エステルハージ家では、聴き手は基本的には主人家とそのゲストである上流階級の人々でした。同じようなお客の前で毎日毎日演奏し、新曲も披露するのですが、彼らは「違いのわかる」お客でもありました。同じようなメロディでも、微妙な差異、ちょっとした工夫を聴き分け、楽しむ聴衆だったのです。たとえていえば、『新古今和歌集』的な世界ですね。歌に通暁した貴族同士が、本歌取りとか繊細な技巧の粋を凝らした歌を愛《め》でるみたいな。

エステルハージ時代にハイドンが作曲した交響曲や弦楽四重奏曲を聴いても、よほどマニアックな人でないと、それぞれの区別がつかないと思います。それらの曲は、みんな同じようで、ちょっと違う。音楽の知識、センスがあって、好みもはっきりしている、限られた消費者に受け入れられるように、洗練に洗練を重ねた音楽なのです。

ところがロンドンでは、聴衆はいわば成り上がりの市民たちです。自分たちも貴族のような教養を身につけたいと思い、演奏会に足を運ぶのですが、それまでの蓄積がありませんから、エステルハージ時代のような音楽を聴かされても、飽きてしまう。なかにはすやすや寝息を立ててしまう観客も少なくなかったでしょう。

ハイドンはこの環境の激変に、見事に対応します。ロンドン時代になると、彼の曲はぐっとわかりやすくなるのです。メロディはより一層キャッチーになり、アレンジにも刺激的なけれん味を加えていきます。

それは、招聘者であるザロモンの名をとって、「ザロモン・セット」と呼ばれる交響曲第九三〜一〇四番に顕著にあらわれています。もともと交響曲にはいちいち名前はつけられていないのですが、たとえば交響曲第一〇〇番ト長調には『軍隊』、第一〇一番ニ長調には『時計』といったニックネームがつくようになりました。『時計』だったら「チャッチャッチャッ」と「あ、時計のリズムだ！」と気づくような仕掛けがあり、『軍隊』だったらまさに行進曲のような曲調になっているなど、とにかく曲の特徴を明快にして、市民層が聴いても「あれは『時計』だ」、「あれは『太鼓連打』（第一〇三番変ホ長調）だ」とわかるように作られているからなのです。

その名も『驚愕』という交響曲第九四番ト長調は、途中で「ブワーン！」とわざと大きな音を鳴らします。これでウトウトと寝ていた観客もびっくりして目が覚めるから『驚愕』なのですね。

さらにハイドンは一七九六年にウィーンに戻って晩年を過ごしますが、ロンドンで先進的に発達していた市民参加の大合唱というスタイルを、ウィーンに持ち込みます。それがオラトリオ『天地創造』と『四季』です。

『天地創造』は旧約聖書の創世記をテーマとした一大スペクタクルで、『四季』はドイツの農民の春夏秋冬を描いたものです。ちなみに『天地創造』を依頼したのはザロモンでした。ウィーンでの『四季』の初演では、オーケストラと合唱団あわせて百八十人以上が、ハイドン自身の指揮で演奏したといわれます。

貴族の座付き音楽監督から、ロンドンの市民を喜ばせるキャッチーな音楽のつくり手へ。まさにハイドンの音楽人生は「一身にして二生《にしょう》を経《ふ》る」ものだったといえるでしょう。そして、さらに『天地創造』、『四季』では音楽のスペクタクル化も手がけました。つまり、大きな会場にたくさんの市民が観客としてやってきて、大げさな楽想を大音量で鳴らす、という新しい時代が到来したのです。

そして、その代表選手こそ、誰あろう楽聖ベートーヴェンでした。

第四章　ベートーヴェンの時代

わかりやすい、うるさい、新しい

クラシック音楽の歴史のなかで、ルートヴィッヒ・ヴァン・ベートーヴェン（一七七〇～一八二七）の名前の大きさは伊達ではありません。これはもう本当に大きい。彼は楽曲のありようを変えてしまったし、美意識の革命を起こします。音楽はベートーヴェンの前と後では間違いなく違うものになりました。

しかし、それも受け取り手である市民あってのことでした。ベートーヴェンはひとりで勝手なことをしていたわけではなく、市民という共鳴層があったから大胆な変革が可能だったのです。ベートーヴェンは芸術史的に偉大ですが、それは社会史的にも支えられていた。芸術家として暴走して、同時代的には何のことか理解されず、しかし死後、後世に評価される人もいますが、クラシック音楽の特に交響曲やオペラは、本書の最初に触れたように、社会を巻き込んでゆかないと演奏も上演もされず、認知されません。ベートーヴェンはこの巻き込む力がすごいのです。ベートーヴェンは文句なく「市民の時代」の音楽を切り開き、しかも彼一代で完成型まで持っていってしまった。恐るべき人です。

そのベートーヴェンの音楽の特徴を大胆すぎるかもしれませんが、三点に要約させてください。

①　わかりやすくしようとする
②　うるさくしようとする
③　新しがる

ベートーヴェン

ふざけているわけではありません。この三つの要素で、ベートーヴェンはかなり語れてしまうのではないでしょうか。「市民」という新しい聴衆と真剣に向きあえば、おのずとこの三点に尽きてくる。そこを妥協なく一代で突き詰めきったのがベートーヴェンでした。ベートーヴェンの前にベートーヴェンなく、ベートーヴェンの後にベートーヴェンなし、なのです。

市民のたしなみ

①のわかりやすさに関しては、前章のハイドンの晩年期のくだりでも少し述べさせていただきました。市民とはつまりブルジョワですけれども、これは近代資本主義下の成り上がり者でございます。もとは市民というより民衆であって、民謡とか通俗的はやりうたとか宴会の踊りの音楽くらいしか音楽は分からない。プロテスタントなら讃美歌はたくさんおぼえているでしょうが、いずれにせよ覚えやすいメロディを口ずさむくらいがもともとの音楽的素養であって、王侯貴族の子弟のように子供のころから高度な音楽趣味を培養されているわけではない。今日的に言いますと、カラオケ好きのおじさんおばさんが民衆転じて成り上がった市民の正体である。そういう人が町のポピュラーな音楽だけを聴いているようでは下品と思われるから、クラシックを聴いて上品にしたい。お金はある。相応のたしなみを身に付けたいんだと。「たしなみは苦しみである」という名言がありますが、芝居を観るのでも音楽を聴くのでも本を読むのでも、あくびをしたら上品でなくなるからたいへんだと、眠いのを我慢する。これがたしなみを身に付けるということです。ハイド

ンはそういう市民をロンドンでたくさん見て、これからの商売相手はこの人たちなのかと思って、やり方を変える苦労をしたわけです。

そのハイドンの弟子がベートーヴェンです。市民にたしなみだと言って苦しみを与えているだけでは、趣味の良い作曲家として遇されるかもしれませんが、本気で支持されるわけではありません。それでは結局、作曲家としても商売上がったりでしょう。市民にアピールするためには、明快で覚えやすいメロディをどんどん投入しなければならない。それを恥も臆面もなくできたのがベートーヴェンです。ハイドンだと、まだずいぶん遠慮がちなのですが、ベートーヴェンは直情径行にやる。だって「ジャジャジャジャーン」ですよ。交響曲第五番『運命』の出だしですね。子供も一発で覚えますよ、「ジャジャジャジャーン」ですから。覚えやすすぎる。これがベートーヴェンなのです。

人間のメロディ、楽器のメロディ

テレマンからハイドンやモーツァルトまで、たしなみのある上品な音楽というと、やはりそれは器楽的メロディをエレガントに振る舞わせることだったのではないでしょうか。

ルターは普通のドイツ人に歌いやすい音楽を教会音楽にしようとして、だいたい民謡そのものや民謡風のメロディ、ということは普通のドイツ人が一番口ずさみやすいメロディを活かして讃美歌にし、お高く留まったグレゴリオ聖歌の世界を反転させました。コラールと呼ばれるもののメロディはだいたいそんなところから来ていて、バッハの巧緻なポリフォニックな音楽でも、素材となっているのはしばしばこのコラール的なメロディです。それは「民衆の歌」なのです。

それに対して器楽的なメロディというのは「楽器の歌」であって、「人間の歌いやすい生々しい肉体的な歌」とは出自も音の動き方も違っています。

たとえばヴァイオリンを例にとりますと、あの楽器は胴体の上に四本の弦が張ってありますね。バッハに「G線上のアリア」とあだ名された有名な曲がありますが、あのG線というのはヴァイオリンを持ったとき、奏者から見ていちばん左に来る、音域としては最も低いところを担当する太い弦です。ちなみにGはドレミファソだとソの音です。ABCDEFGがラシドレミファソですから。G線は普通に調弦して、その弦を指で押さえずにそのまま弾いたり弓で奏でるとソの音が出る。だからG線ですね。

G線の隣はD線で、そのまた隣がA線で、奏者から見ていちばん右に来る、最も細くて高い弦がE線になります。そういうヴァイオリンをヴァイオリンらしく鳴らしたいとすると、どの弦も指で押さえないで開放したかたちで奏でると、いちばんのびのびとしてよく楽器が鳴ります。試しに、低いほうから高いほうに、開放弦の状態で、G線、D線、A線、E線と弾きますと、当然、ソ・レ・ラ・ミという四つの音のメロディになる。

これがたとえば器楽的メロディなのです。ソ・レ・ラ・ミというメロディは、つまり音程が五度ずつ上がって、全体では二オクターヴ近く上がるメロディですが。これは人間の声でもできますけれど、二オクターヴを途中の跳躍も大きくとりながら、美しく歌い続けるのは大変な負担です。普通の人間の声域としては広すぎるのです。その意味で人間的なメロディではないし、口ずさみにくい。でもヴァイオリン的には美しく鳴らせて自然に響かせられる基本的なメロディなのです。

そういう音型を優雅に鳴らして「ヴァイオリンならではの素敵なメロディですねえ、さてさて、このあとを作曲家がどう展開させるか、楽しみですねえ」なんて、演奏中に喋ってしまったらマナー違反ですが、内なるつぶやきとして、あとで貴顕の皆さんとの会話の種にしようというのが、たとえば貴族のたしなみでしょう。

民謡、讃美歌、コラールなど、人間の歌に由来しないメロディを楽しむ。それが上品ということです。十八世紀が発達させた趣味です。かえってあまりに歌いやすいメロディは、せっかくのヴァイオリンやチェンバロといった楽器に人間の声の真似をさせているだけ、俗っぽいだけ、聴きやすいけれど上等ではないということになっていきました。オペラは芸能で、弦楽四重奏曲は芸術、といった感じです。今日でもコアなクラシック音楽ファンほど、セミ・クラシック的なものを軽蔑するでしょう。あの感覚を作り出す根幹は「器楽信仰」の深まってゆく歴史から辿れます。

巨匠たちの世代論

ハイドンはその上品な趣味を引きずってロンドンの市民相手にコンサートを開いたら、実のところは、どうも退屈して眠くなる客が多いようだと気がついた。きっと客席からいびきや話し声もたくさんしていたことでしょう。それで『驚愕』交響曲のような鬼面人を驚かす曲を書いた。突然、大きな音を出して驚かす。退屈させないようにする。ハイドンはショッキングなことを思いつく天才みたいな人でしたからそういう市民向けのアイデアを幾らでも仕掛けられましたが、でも音楽全体として羽目を外すことはない。

ハイドンは職人階級の出身で、そこから自らを趣味の良い世界に引き上げようと、音楽の天分にかけて、出世していった作曲家です。それなので、成り上がり市民へのサービスにも限度があります。彼らの方に改めて下がっては行きたくない。退屈させない仕掛けは、あくまで仕掛けであって、方便の域を出たがらない。それがハイドンの節度であり矜持であり、限界でもありました。

しかし、ベートーヴェンになるとまるで違う。何しろ『運命』の冒頭は、先ほどもやりましたが「ジャジャジャジャーン」ですから。口ずさめてナンボというルターのコラールのようなアイデアで、讃美歌ではなく交響曲を書いてしまう。これはハイドンよりもずっとハードルを下げています。これならみんなが分かりやすいだろうと。

「ジャジャジャジャーン」の後はまた「ジャジャジャジャーン」で、それから「ジャジャジャジャ、ジャジャジャ、ジャジャジャジャジャジャジャ、ジャジャジャジャーン、ジャジャジャジャジャ、ジャジャジャジャ、ジャジャジャ、ジャジャジャジャジャーン」と来て、「ジャジャジャジャジャーン、ジャジャジャン、ジャジャジャジャジャーン、ジャジャジャン」と受けて、「ジャジャジャジャ、ジャジャン、ジャジャン、ジャジャン、ジャーン」と一旦締めたと思ったら、また「ジャジャジャジャジャジャーン」。こうして文字としてジャジャジャジャジャーンを連発して良いのだろうかと、思わず自問自答してしまいます。だが、やっぱりこれでいいのです。だって、これで皆さんに通じるわけですから。ベートーヴェンはそういう風にこの曲をつくったのです。

ハイドンではなかなかそうはいきません。モーツァルトでもオペラの類いを除くと、つい鼻歌で口ずさみたくなる曲は、器楽曲にはそんなに多くはないのではありませんか。オペラのアリア風の歌になっているコンチェルトの緩徐楽章などはありますし、交響曲第四〇番ト短調をはじめとする歌ごころいっぱいの作品も結構ありますが、しかし、モーツァルトの作品の本流ではない。モーツァルトの音楽を運んでいるのは、ハイドンと同じく、口ずさみやすい歌ではなく、かなり器楽的な響きの美しさや繊細な工夫でしょう。当時の普通の市民も恐らく口ずさみたくなっただろうというようなメロディを持った曲は、やはり晩期に増えます。なぜ晩期か。モーツァルトがウィーンやプラハなどの新興ブルジョワジーを相手にシンフォニーやコンチェルトやオペラを書くようになってから、メロディも変わるのです。ハイドンのロンドンと同じです。ハイドンやモーツァルトが変わったのではない。作曲家の商売相手が変わったのです。問題は「受け取り手」であった。そこに尽きるのです。

モーツァルトは晩年、フリーメーソンと深い関係にありました。フリーメーソンの儀式のための音楽をたくさん書いているのですから、間違いなくそうです。オペラの『魔笛』はフリーメーソンの思想を筋書きに反映させていると解釈することもできます。そもそもフリーメーソンとは直訳すれば「自由な石工」です。人があちこち移動することの少ない中世ヨーロッパでも、建築関係者となると、諸国を回ります。技術は国境を越えて役立つものですから。資本と科学と技術と絵画と音楽は言語がなくても良いものなので国境を越えやすいのです。とはいえ、国境を越えたら余所者ですから、リスクも多い。中世ヨーロッパでも職人たちはセーフティ・ネットが欲しかったのでしょう。そうして出来たのがフリーメーソンの原型でしょう。国家や社会や地域とは別のものに帰属するのですから、そんなことを積極的に表明しては軋轢の元になりますので、メンバー以外にはできるだけ内緒にしておく。大方の秘密結社とはそうしたもので、大したことはないのです。近代のフリーメーソンは、やはり王や貴族や教会の秩序が弱められて、今までの顔の利かせ方ではうまく運べなくなって困った人たちが、しかし市民社会なんて浮草のようなもので全く当てになりませんから、新しいセーフティ・ネットを欲して、大きくなっていった。そういう社会の変動のおかげで一番苦労している非正規雇用の音楽家であるモーツァルトも、フリーメーソンに期待したわけでしょう。モーツァルトは実は苦労人なのです。

ハイドンは市民社会への適応を模索し、それなりの答えを出してゆきましたが、病み衰えていたところで、ウィーンを包囲するナポレオン軍の砲声が鳴り響き、死に至ったと言います。フランス大革命勃発から二十年後の一八〇九年のことです。大革命が起きて市民が王や王妃の首をギロチンで落とし、ナポレオン率いる市民軍が欧州を席巻する。この前後では、欧州の人間の経験も質もまるで変ってしまう。モーツァルトが逝ったのはハイドンよりずっと早く、大革命からまだ二年後ですね。このあたりに決定的な転換があったのです。この時代に人生が当たってしまった人には、親の世代の経験則が通用しなかった。苦労するはずです。

ベートーヴェンはというと、モーツァルトよりは十四、ハイドンよりは三十八も年下です。最初から市民が視野に入ってくるジェネレーションでした。そして市民は口ずさみやすい歌が好き。いくら趣味をよくしようとしても地が出てしまう。そこに訴えれば、たとえば『運命』になるのです。

その先の究極は「第九」でしょう。交響曲第九番『合唱付』ですね。あの「歓喜の歌」こそ市民の音楽のひとつの理想だといえます。市民は品よくおとなしく、器楽的なメロディを聴いていたのだけれど、ついにはどうしても口ずさみやすい歌を自分で歌いたくなってしまうのです。第三楽章までは「趣味の良さ」や「高尚な気分」や「論理と力」を探求していたのに、第四楽章で突然出てくる独唱者が「そんなのじゃない」と言いだして、お高く留まっていた先行楽章を全否定し、そのあと大合唱が怒鳴ってすべてを押し流してしまう。西田幾多郎門下でドイツ神秘主義思想の研究者、西谷啓治は、西洋的理性を押し流す「華厳の滝」、大瀑布のイメージを戦時期に語って、もちろんその大瀑布を浴びせる主体は東洋や日本と考えたのですが、このイメージをベートーヴェンになぞらえますと、「お高く留まった趣味」を市民の本性という「華厳の滝」が押し流してしまうのです。これは「市民の音楽」のこの時代における最終形態であり、極限形態です。

『英雄』の真の主人公

そんなベートーヴェンはナポレオン・ボナパルト（一七六九〜一八二一）を尊敬しました。社会で市民が力を増すような平時における市民の伸長よりも、市民軍が押し寄せてくる方がストレートですよね。ベートーヴェンの音楽は結局、押し寄せる市民なのです。そういう力の表象です。

交響曲第三番『英雄』はナポレオンに捧げられるはずの作品でしたが、演奏に五十分くらいかかる。そんな規模の交響曲はハイドンにもモーツァルトにもありません。市民の力の偉大さは、それだけ長い尺を取って壁画的にでも表現しないと、かたちにならない。こういう交響曲が現れるのも、この時代に感性の革命があったことの証拠です。

ベートーヴェンは、ナポレオンが共和国の理想を裏切って皇帝の座に就くと、怒って献辞を破り捨てたといいますが、それは重要な問題ではない。英雄とはナポレオンそのものではなく、ナポレオンに代表され象徴されると思われた市民なのですから。繰り返しますが市民は口ずさめる歌を欲する。だからフランス革命は『ラ・マルセイエーズ』をはじめとする歌を生みました。『英雄』の長大な第一楽章のテーマのメロディは、オーケストラの音楽なのに合唱で歌いあげたら気持ちいいだろう勇壮な讃歌です。歌なのです。

大都市、革命、戦争

ベートーヴェンにとっての市民は、都会で社交して「お高く留まる」というステータスを高めようと悪戦苦闘するブルジョワでもあったでしょうが、それ以上に、戦乱で血を流す市民軍の兵士であり、革命に蜂起する群衆であったでしょう。彼らが求めるのは圧力のあるわかりやすさです。ということは、ベートーヴェンの「わかりやすさ」は「口ずさめる」とか「覚えやすい」にとどまりません。そこには必ず「うるささ」が伴わなければなりません。圧力を高めなくてはベートーヴェンではないし、市民でもないのです。

そこでやっと②です。「うるさくなくてはベートーヴェンではない」という話です。まずは単純に音が大きい。そして、刺激が強いということです。

そもそも市民の時代は市場の時代ですから、より儲けるために、多くの観客を集めようとすれば、自ずと会場も大きくなります。すると、全体に響かせるためには、音を大きくしなければなりません。そのために、オーケストラの人数も増えてくるわけです。

もうひとつ音が大きくなった原因は、もちろん都市化と革命と戦争でした。

基本的に、音楽の音が大きいか小さいかという問題は、街の騒音がふだんどのくらいかということに関係してきます。ふだん聞こえてくるノイズに負けてしまう音は小さいということになる。そういうふうに耳が作られるのです。

そもそも大都市は、田舎とは比べ物にならないほどうるさいところです。人々の叫ぶ声、行き交う荷車や無数の足音、さらに機械文明が発達すると、蒸気機関車の音やら、大砲の音やら、騒音のレベルが上がってきます。そのなかで音楽も爆音化していくのです。現代の音楽は交響楽団でもロック・バンドでもうるさい。それは世の中がうるさいからなのです。「もっと光を！」みたいなものです。「もっと音を！」です。そうした喧騒がひとつの頂点を極めたのが、フランス大革命後のパリでしょう。群衆の怒号が飛び交う中、太鼓や鐘が打ち鳴らされ、進軍ラッパの響きに銃声が混じる。フランス革命、そしてそれに続くナポレオン戦争そのものが、一種の音響スペクタクルだったともいえます。

ベートーヴェンは一八一三年に『ウェリントンの勝利』（別名『戦争交響曲』）を発表しています。これは、スペインのビトリアでイギリス・スペイン連合軍がフランス軍を破った戦いを、オーケストラによって再現しようとしたものです。この作品では、本物の大砲や鉄砲の音もオーケストラと一緒に響き渡ります。ベートーヴェンがそのように楽譜で指定している。軍隊行進曲のような描写的な音楽と本物の銃火器の音を組み合わせた戦争音楽。これはもうとびきりの大音響になる。ハリウッド的スペクタクルともいえる発想をベートーヴェンは同時代的に実現している。

ビトリアの戦いは一八一三年ですから、その年のうちにベートーヴェンは『戦争交響曲』を書き上げて発表しました。とても時事的です。そして実はこの『戦争交響曲』がベートーヴェンの生前における最高のヒット作となったのでした。ちなみにこの曲の初演は、傷痍軍人のための慈善コンサート。戦場で心身ともに傷ついた兵士や軍人に、戦場の音を再現して聴かせるとは心の傷に塩を塗り込むようなものですが、それと同時に彼らは本物の戦場の大音響をいやというほどに耳にしてきているのですから、生半可なものでは音楽も済まないわけです。

現実に拮抗する音楽のリアリティをどう獲得していくのか。中世のような、政治も経済も科学技術も生産形態もなかなか変化しない、長生きしても、幼い頃と老境とで周りの景色が変わらない時代なら、音楽はたとえばグレゴリオ聖歌をずっと歌っていればよいでしょう。

ところが物事がどんどん変わる時代にはそうはゆかない。きのう大きな音だと思ったものが、今日には小さく聴こえるようになってしまう。ベートーヴェンは音楽がたやすく現実に負けそうになり、古めかしくなりやすい時代に、最前線で頑張っていたわけです。モーツァルトが活躍していた時代に少年だった人が、四半世紀もすると『戦争交響曲』で大砲をぶっ放している。何たる激動、何たる激変。この頃から、音楽と現実のいたちごっこが続いているのでしょう。

というのが、ボンに生まれてウィーンで名を馳せ、フランス革命からナポレオンへという時代を生きたベートーヴェンから見えてくる歴史の風景ですが、大革命とナポレオンを生んだ、本家本元のフランスの音楽はどうかというと、革命当初から、音色も音量もキラキラとうるさく満艦飾化していく傾向がありました。革命で発達した軍楽隊、これはもう笛とラッパと太鼓です。外で雨に濡れても演奏でき、野外の大空間に音が通らないと革命や戦争で役に立ちません。管楽器が猛烈に発達します。フランス革命初期にはマクシミリアン・ロベスピエール（一七五八〜一七九四）がキリスト教の神を否定して、人間理性を新たな神にしようとする祭典を行う。また革命後も、その記憶を忘れぬように記念祭典を行う。こうした祭典は野外での仰々しい視覚と音響を総合したスペクタクルでした。

もともとフランスは太陽王の時代から中央集権国家として、大規模なオペラやバレエを上演する伝統を作ってきました。それは、ロンドンのような市民の娯楽ではなく、王権の誇示、中央権力の誇示でした。その伝統はブルボン王朝を退場させた後、革命政府によっても引き継がれます。ブルボン王朝も革命政府も、中央集権という意味では同じですから。王権ではなく革命の価値を誇示するためには、マッシヴ（重量感のある）かつコレクティヴ（組織的）な、豪奢で大規模で集団主義的な祝典であり式典が必要なのです。

そこで革命のための音楽作りにおいても、フランソワ＝ジョセフ・ゴセック（一七三四〜一八二九）のような、宮廷で活躍していた作曲家たちが再登板します。彼らが革命政府の式典のためにこしらえた音楽はどのようなものか。動員できる金管楽器や打楽器を、何十人、何百人の規模で鳴らしまくり、しばしば大合唱を加える。まさにイヴェント用の機会音楽ですけれども、それらは革命の大音響を経験してきた民衆を相手に、騒擾状態の記憶を生々しく呼び覚ます機能を期待されてもいますから、並大抵ではすみません。音響のカオスですね。こうした音楽にベートーヴェンが刺激されたという面もあります。

ベルリオーズ

さらにフランスには、誇大妄想を含んで過剰になってゆく現実に対応する作曲家の系譜の決算的存在として、エクトル・ベルリオーズ（一八〇三〜一八六九）が現れます。彼の代表作といえば『幻想交響曲』。ティンパニ奏者が四人、ハープも四台あるのが望ましく、金管楽器の編成も大きく、鐘や小太鼓も派手に入る。これはもうフランス大革命的音響の系譜なくしてありえない音楽です。

ベートーヴェンが市民のエネルギーと単純化・わかりやすさ願望の「華厳の滝」というべき交響曲第九番『合唱付』を完成させたのは一八二四年。ベルリオーズの、市民革命的音響体験の総決算であるかのように鳴りまくる『幻想交響曲』は、その六年後の一八三〇年です。

フランスのベルリオーズがフランスらしいオペラやバレエではなく、交響曲という形式になぜこだわったかと言えば、ベートーヴェンの影響です。ベルリオーズはパリにおけるベートーヴェン受容の先頭に立って、その交響曲を広めた人なのです。

交響曲というドラマ

そのベルリオーズは、一八四〇年になると、七月革命の十周年記念式典で『葬送と勝利の大交響曲』を披露し、二百人の軍楽隊を自ら指揮しました。つまり吹奏楽のための交響曲ですね。これもとんでもないアイデアです。

そもそも交響曲とはなんでしょうか。交響曲というと、ハイドン、モーツァルトの時代に発達して、ベートーヴェンで飛躍と完成を遂げる楽曲分野ですが、基本は四楽章からできていて、第一楽章はソナタ形式の速いテンポの楽章と相場は決まっています。

ソナタ形式というのは第一主題と第二主題があって、第一主題は力動的であり、第二主題はそれを受けて鎮めるような性格をもたせるのが普通です。それを男性的なものと女性的なものの対とする解釈もある。とにかく二つの主題を組み合わせ、反復して展開して一定の秩序をもたらすわけです。

この二つの主題というものが、ソナタ形式のポイントなのです。

バッハが得意としたフーガやカノンやシャコンヌやパッサカリアといったバロック時代の形式は、ひとつのテーマをいじり続けるのが基本でした。前に、神の秩序の反映から人間の秩序の反映に音楽が移行してくるのがバロックだったと説明しましたが、それでも「一枚岩の秩序感」とでもいうべきものはまだ残っていました。音楽もさまざまに変容していくけれども、そのテーマはひとつでよい。音楽は時間芸術、記憶の芸術ですから、ひとつのメロディを覚えておけば、あとでどうなってゆくかが分かりやすい。しかし、テーマがひとつだけの音楽だとドラマは生まれにくい。

市民社会が発達すると、太陽王やフリードリヒ大王など一人の王が君臨しているだけでは済まなくなってきます。政治も経済も議論になれば、夫婦も口論を始める。ナポレオンのような独裁者も、近代の大規模化には対応しきれない。ひとりでヨーロッパ中の戦争は出来ませんから、将軍や幕僚による議論が必要となります。そうでないと戦争もできない。複数が意識されないと社会は表現できない。それが近代なのです。

福沢諭吉は会議や演説や議論のやり方を明治の初めに説いて、そのための啓蒙的著作も刊行しました。社会全体が演劇的になるのが近代です。江戸時代の歌舞伎にしても、文楽の影響を大変強く受けて発展したのですが、その文楽は太夫ひとりの声が世界をつかさどる。ひとり語りに世界が包括される点で、語りの構造としては一元的なのです。能もシテのものということで一元的である。前近代は一で、近代は多だといえるでしょう。

それを音楽形式にあてはめるとどうなるか。ひとつのテーマを変奏させていくフーガやパッサカリアに対し、ソナタ形式は主題が複数になります。しかし、あまり多いと覚えきれないから、基本を二とする。最低限の複数ですね。それを対照させ、対比させ、ときに葛藤させる。

さらにソナタ形式の第一楽章は、完全にケリをつけるようには終わりません。楽章も複数でないと多元的にはなりません。市民社会へ発展するヨーロッパは、有機的に劇的に構成された多楽章の音楽を求めるのです。そこで交響曲は本当の大団円を最後の第四楽章にとっておく。お預けの状態にしておくのです。そのあと第二楽章と第三楽章では、活気のある踊りと落ち着いた歌を対にして、動的なものと静的なものを示す。そして第四楽章で改めて統合する。これでドラマティックな近代社会の似姿ができあがります。作曲家も慰安や娯楽を提供する芸能的音楽家から、市民の時代の世界観を提供する哲学的芸術家に変貌する。ハイドンがある程度用意しましたが、ソナタ形式を使いこなして、ピアノソナタや弦楽四重奏曲や交響曲まで書いて、世界をひとつ仕上げてしまったのはベートーヴェンなのです。

破格のベルリオーズ

ベルリオーズが一八四〇年に発表した『葬送と勝利の大交響曲』の話でした。多楽章による有機的な大きなドラマがある点では交響曲に違いありませんが、三楽章で構成され、ハイドン→ベートーヴェンの形式観からするとそもそも破格です。さらにベルリオーズは、この交響曲を何百人という規模の吹奏楽のために書いた。これまた破格です。

ベートーヴェン以来の交響曲は、基本的には室内の音楽です。うるさくわかりやすく巨大なのだけれども、だからこそじっくり味わうのは室内、ホールの中でないといけない。

さらに交響曲には管楽器と弦楽器がそろっていないといけません。管楽器だけでは交響曲にならない。弦の振動は、バロック音楽の時代から、精神性と絡めて理解されていました。管楽器は息の延長ですから、生々しいアクティヴな人間の姿と結びつく。でも弦楽器は震えです。魂の震えとか心の震えとは言いますが、魂の息や心の息とはあまり言わないでしょう。息による管楽器は人間の外面。弦の震えによる弦楽器は人間の内面。イメージとしては分業なのです。交響曲は人間の内面に触れて世界を哲学する一方、踊りなど外的盛り上がりも表現しなくては世界全体の表象になりません。どうしても管と弦の両方が必要なのです。

ところが、ベルリオーズは野外で演じられる、管楽器による吹奏楽として『葬送と勝利の大交響曲』をつくってしまった。近代社会が進み、交響曲も外に出て、大観衆を相手にしてもいいではないか。そんなイメージです。

実はこの発想もやはりベートーヴェンから来ていると思います。「第九」の第四楽章は独唱と大合唱と管弦楽ですが、管弦楽は随所で吹奏楽的に扱われています。トルコ行進曲になる部分、トライアングルが出てきてチンチン叩くあたりなどは、大合唱と吹奏楽による野外音楽的なイメージを示している。そこを拡張したら、ベルリオーズの吹奏楽による野外交響曲も出てくるでしょう。しかも『葬送と勝利の大交響曲』の終楽章は「合唱付」なのです。ベートーヴェンの『合唱付』が人間の内面の魂の震えを担当する弦楽器を捨て、外に飛び出して市民の民衆的・群衆的な部分を拡張すると『葬送と勝利の大交響曲』になる。そう申してもよいでしょう。そこからは二十世紀の全体主義社会も近いような気がします。とにかく、ベートーヴェンにベルリオーズを加えると、クラシック音楽の近代的土俵はできあがり、盛り付けの基本形態もだいたい仕上がってきます。もっと極端な言い方をすれば、クラシック音楽史は、ベートーヴェンとベルリオーズで相当程度終わっているともいえるのです。

トルコ軍楽隊の響き

ただいま『合唱付』のなかに、トルコ行進曲が登場すると申しました。ヨーロッパのクラシック音楽がうるさくなったのには、フランス革命以前にもうひとつ大きな原因があって、それはトルコ行進曲なのです。つまりオスマン帝国の軍楽隊の影響です。

オスマン帝国は支配地にかならず軍楽隊を送り込んで、決まった時間に街中で音楽を演奏していたと言います。それがオスマン支配の象徴なのです。ある程度の年輩の方やテレビドラマファンの方なら、向田邦子脚本のドラマ『阿修羅のごとく』をご記憶かもしれません。そのテーマ音楽を覚えておられるでしょうか。あの曲『ジェッディン・デデン』はトルコ軍楽隊の音楽、すなわち本物のトルコ行進曲です。太鼓と管楽器による、非常に音の圧力の強い音楽ですね。この軍楽が聞こえてくると、「ああ、もうあいつらにはかなわない」と思って、おとなしくなってしまうような、いわば耳への暴力です。あれが後の鼓笛隊、ブラスバンドの原型になるのです。

そもそも音と戦争は密接な関係にあります。軍の出撃や後退などの指示は、太鼓やラッパで行うものだからです。誰かが「突っ込め！」と叫んでも、いくら声が大きくても、広い野外では届かないし、戦場ではかき消されてしまう。よく歴史ドラマの戦闘シーンで、戦が始まる時にほら貝を吹くのも、そのためです。いまのように、電気的な拡声も出来ず、有線・無線通信で命令できるわけでもありませんから、大きな規模の軍隊を動かすためには、楽器が不可欠でした。それから大人数を組織的に一定のテンポとリズムで動かすためには行進曲です。軍楽は、軍隊にとって装飾ではありません。むしろ本質なのです。

オスマン帝国は、ヨーロッパを武力で従えようと、バルカン半島やハンガリーを侵略しますが、一六八三年の第二次ウィーン包囲で、ウィーンを陥落させられず、そこから次第に軍事的劣勢に立たされ、十八世紀に入ると路線を転換せざるを得なくなります。オスマン帝国は対欧拡張路線を放棄し、外交と貿易に頼ってのヨーロッパとの平和的共存・棲み分けを図るのです。ということで、オスマン帝国の外交使節がヨーロッパを頻繁に訪れるようになるのですが、そこに伴われてくるのが軍楽隊。その強靭な音響表現がヨーロッパを魅了します。欧州諸国の近代軍楽の形成に影響も与えれば、宮廷のオーケストラに管楽器や打楽器の種類が増えていくのもそのせいです。テレマンにもクリストフ・ヴィリバルト・グルック（一七一四〜一七八七）にもモーツァルトにもベートーヴェンにもトルコ風と称する音楽があるのは、そのせいなのです。トルコの音楽にも当然静かなものもありますが、静かではヨーロッパだとトルコ風とは思われません。うるさくなくてはトルコじゃない！　というわけです。

オスマン帝国の軍楽を経験し消化していなかったら、ヨーロッパの作曲家たちはフランス革命期からの感性の革新に対応しきれなかったかもしれません。まことにオスマンなくしてクラシック音楽なし、であります。

「新しい」という価値

そして③の「新しがる」です。感性の革新！　十九世紀のモードは十八世紀以上に新しさの追求です。これはまさに近代の中心的価値ですね。

近代以前の世界では、「新しい」ことは別に価値あることではありませんでした。むしろ古いこと、長く続いている、伝統ある、変わりないもののほうがずっと尊ばれたのです。だからバッハが自分の曲を仕立て直したり、ハイドンが同じような曲を作り続けるのも当然のことで、前に評判が良かった曲や、テーマに相応しかった曲を繰り返し利用し直すというか、いじって発表し直しても、何ら問題はなかった。そのなかでこそ作品も洗練されヴァリエーションも付いていくわけですから。日本でいえば古典落語のようなものでしょうか。

新しいものが良い、というのは、やはり近代資本主義の発想でしょう。人間の欲望を掻き立てるのは目新しさです。永遠の秩序を重んじる教会は新しきを禁圧しましたし、よそとあまり付き合わず、内部で産業をめぐる変化も起きなければ、新しいものなど出てきようがない。ところが、地中海貿易の時代から大航海時代へ、ヨーロッパは新し物漬けになってゆく。マーケットは新しく、珍しく、人と違うものを求め、新奇な商品が市場に不断に投入されることで、資本主義は発達する。その担い手は王でも貴族でもない。ブルジョワです。市民です。市民と資本主義と新しさの三角形で世界は動くようになったのです。

その三角形への完全適応体。それがベートーヴェンです。たとえばベートーヴェンの番号付きの交響曲は九つどまりです。師匠のハイドンは後世に整理されて通し番号が付されたものが百四曲ですから、その差は歴然でしょう。もちろんベートーヴェンが怠けていたわけではありません。その正反対で、日々、彫心鏤骨、身を削るようにして曲を作り上げていたのです。

それなのになぜベートーヴェンの交響曲が少ないかというと、一作ごとに新しさと完成度を追求したためです。一作一作、観客を驚かせたい、アッといわせたい。同じことはやりたくない。だから必然的に作品数が少なくなるのです。毎日、ほとんど似たような、少し違った音楽を、いつものお得意さんから求められていたハイドンとの違いはそこにありました。

一作一作に付加価値が

ベートーヴェンの交響曲には、一作一作、新しい切り口があると言えます。たとえば交響曲第三番『英雄』はナポレオン戦争の時代に相応しい、音響スペクタクルの要素があります。長くて劇的起伏に富んだ葬送行進曲の楽章まである。当時それを聴く人には、ナポレオン戦争で家族や友人をなくしたり、自身が傷ついていたりした人が多かったことを思えば、その同時代的鮮烈性は推して知るべしでしょう。第六番の『田園』はウィーン郊外への小旅行をイメージしていますが、つまりそれは大都市の市民の余暇生活を描いたものですね。そもそも田舎にいたら田園の風景は意識されない。大都市ウィーンに暮らしているからこそ「田園」の価値が発見されたわけです。その意味では、非常に近代的な感性の表現だといえるでしょう。第七番では市民の社交に欠かせない舞踏を、第八番では機械文明のリズムを取り上げている。そして最後の第九番には交響曲なのにコーラスが付く。

こうしてベートーヴェンは、一作一作、独自の付加価値を工夫して、お客さんを集めました。ピアノソナタでも弦楽四重奏曲でも一作一作の重みはありますが、交響曲は何しろ先ほども述べましたように、ベートーヴェン自身によって「世界観」を披瀝する媒体に育てられていったものですから、その重みが違う。そうすると九曲しかないのではなくて、九曲もあると思うべきでしょう。

そして、そのようなベートーヴェンの創作態度は、自ずと近代的な芸術音楽の作曲家のありようを確立することになります。要するに何らかの新しさを不断に示し続けなくては真の芸術家ではない、ルーティーンで仕事をこなしている作曲家は一段低く見られてもやむなしということです。それが正しいか正しくないかは大問題ですが、ベートーヴェンによってそういう作曲家像が作られ、以来、それが正しいと信じる人が多数派になったのは確かです。

さらに言えば、ロマン・ロランの『ベートーヴェンの生涯』ではありませんが、少年期から音楽の才能に恵まれ、ピアニストとして評価され、音楽家として自立できたと思ったら、耳が聴こえなくなるという致命的な悲劇に見舞われるが、それでも歩みを止めず、信念をこめた作品を作り続け、自らの道を全うする――。まさに近代人のロールモデルそのものの人生です。だから、ベートーヴェンは音楽だけでなくその人生も作品なのです。

産業革命と楽器の進化

ベートーヴェンの交響曲第八番には機械の響きがあると先ほど述べましたが、それは具体的にはメトロノームの響きをオーケストラが模写するのです。メトロノームとはテンポを正確に数えるための時計仕掛けの機械。ベートーヴェンの友人でもあった技術者のヨハン・ネーポムク・メルツェル（一七七二〜一八三八）が手がけました。

ベートーヴェンはそれを早速、自分の曲の楽譜に作曲家の考える「正しいテンポ」を書き込むために愛用し、交響曲第八番では「チャッ、チャッ、チャッ、チャッ、チャッ、チャッ、チャッ」とメトロノームがリズムを刻む音の真似を、ひとつの楽章でやってみせたのです。

ベートーヴェンは新しい技術への興味が旺盛で、実は『戦争交響曲』も、同じくメルツェルが発明したパンハルモニコンという楽器のために書かれたものでした。音楽時計の延長線上に、機械仕掛けでたくさんの騒音が出るようにした自動演奏装置です。

音楽は、テクノロジーに大きく影響される芸術でもあります。たとえばオーケストラに欠かすことのできない金管楽器からして、産業革命以後の金属精錬と加工の技術の向上がなければ現在のような姿にはなっていなかったでしょう。

テクノロジーが楽器を劇的に変えた例では、ピアノもそうです。ハイドンやモーツァルトの時代には、まだピアノは今よりもずっと小さな音しか出ませんでした。ベートーヴェンの時代でもまだまだでした。それがいまのような音量を獲得したのは十九世紀も後半のことです。まず鋼鉄製の頑丈なフレームが作られ、ピアノ線に強度の高い炭素鋼を使うようになり、それを何トンという力で引っ張ることで、いまのピアノが作られたわけです。現在のピアノは近代鉄鋼業の産物で、極めて新しい楽器なのです。そうでなかったら、あんな大きい音が出るはずがありません。

未来の音楽だった『皇帝』

ピアノといえば、ベートーヴェンはピアノ協奏曲を五曲つくっていますが、『皇帝』の名で知られる最も有名な第五番をはじめ、どの曲も生前にはほとんど演奏されませんでした。

ピアノ協奏曲第五番『皇帝』のウィーンでの初演でピアノを演奏したのは、ベートーヴェンの愛弟子で、たくさんのピアノ練習曲で知られるカール・チェルニー（一七九一～一八五七）でした。そのチェルニーに、ベートーヴェンが「また五番を弾いてくれ」と依頼したところ、「ご依頼を受けましたが、初演のとき、いくら弾いてもピアノが聴こえないといわれました。これはちょっと困ってしまいます」といった手紙が返ってきたのです。

つまり、当時のピアノでは音が小さくて、ベートーヴェンの作曲したオーケストラ部分が厚すぎるので、ピアノはオーケストラの音にかき消され、ほとんど聴こえなかったのです。

いまでは『皇帝』はクラシック音楽の重要なレパートリーですが、それにはピアノの発達を待たなければなりませんでした。そこで凄いのはやはりベートーヴェンですね。『皇帝』を作った時点では、この曲を実際に聴くことは不可能だったのですから。ベートーヴェンはいわば「未来の音楽」を作っていたわけです。当時、すでにベートーヴェンの難聴は進んでいたので、自分の頭のなかで鳴っている音をそのまま曲にしたのでしょう。

勤勉なメロディ

耳が聴こえなくなっても頑張って、努力して、作曲を続けた、というベートーヴェンの人生は、勤勉という近代の価値観とも響きあうものでした。要するに、近代とは、市場経済が発展するなかで、刻苦勉励し、一生懸命働けば、暮らしも楽になり、社会的地位も上昇するということを信じる時代だったのです。

実は、ベートーヴェンの作曲の仕方がまた勤勉という価値観と親和性の高いものでした。ベートーヴェンといえば緻密な「動機労作」です。「動機」、つまりテーマを構成するメロディを削ったり、引き延ばしたり、一所懸命に使って、変形し、展開していく。少ない材料から苦労して、たくさんのものを絞り出していくから「労作」なのです。

その最も典型的な例が、またまた交響曲第五番『運命』ですね。誰もが知っている「ジャジャジャジャーン」という、テーマとなるメロディ＝「動機」がありますが、『運命』という楽曲は、この四つの音をどこまでも引っ張り、努力して、さらに努力して、四楽章、約三十五分の楽曲を作り出していくのです。その諦めることなく繰り返される努力に、聴衆である市民も共感する――というわけです。

ところが面白いのは、十九世紀後半までのフランスでは、ベートーヴェンに批判的な見方が強かったことです。その批判の的となったのが、この「動機労作」でした。

フランス側の見方はこうです。ベートーヴェンに象徴されるドイツの作曲家たちが交響曲やソナタで追求している音楽のあり方は、あまりにも特定のテーマに拘泥しすぎていて、疲れてしまう。それに対して、フランスの音楽は、たくさんの材料を、ヴァラエティ豊かに詰め込んで、それらを滑らかにつないでいく。ドイツの音楽は貧しい、我々のほうが豊穣なのだ、と。ベルリオーズはベートーヴェンを崇拝していましたが、作曲の中身は多主題的・多動機的でした。

しかし、これは一八七一年の普仏戦争で一変します。フランスは遅れていると思っていたプロイセンに敗れてしまった。これではまずい。やはり我々もドイツのように、徹底的に力を〝絞り切る〟ということを学んでいかなくてはいけない――。そこで、ドイツ音楽に対する態度も大きく変わるのです。どう変わったかは、後のワーグナーの章で述べるとしましょう。

音楽と労働観、音楽と戦争の勝敗は、一見、まったく関係ないようですが、実は人間の価値観の深いところでつながっているのです。

これまでベートーヴェンの曲はわかりやすいと述べてきましたが、後期の弦楽四重奏曲やピアノソナタなど、きわめて複雑で高度な、俗な言い方ですと玄人好みの作品群があります。では、これはマーケットを無視してつくられたのかというと、おそらくそうではないでしょう。はじめはよくわからず、貴族の真似ばかりしてきた市民社会が、時間を経て、文化的にも成熟していきます。すると、文化的にハイクラスとなった市民たちは、それまでのわかりやすい音楽には飽き足らなくなってくる。そうしたレベルが上がった上級者の市民に向けて、こうした曲は書かれたのだと思われます。

「歓喜の歌」が意味するもの

そこで、これまた再びベートーヴェン最後の交響曲第九番の意味を確認しておきましょう。たしかに第四楽章の「歓喜の歌」はわかりやすすぎるほどわかりやすい。でも、第一楽章から第三楽章まではテクニックを尽くした、上級者向け音楽が展開されているのです。ところが第四楽章になると、第一楽章から第三楽章のメロディが始まりそうになっては、歌が邪魔をする。そして突然、「おお友よ、このような音ではない！」と歌いだして、あの「歓喜の歌」のメロディが始まるのです。

あの「歓喜の歌」の合唱は、練習すれば、市民でも簡単に歌うことができます。それはベートーヴェンが意図的に、誰もが参加できるように作曲してあるのです。つまり、趣味のいいとされる、上級者向けの音楽を一生懸命聴かなくてもいいんだ（「このような音ではない！」）、市民みんなで歌える、そして歓喜を爆発させる音楽こそが大事なんだというのが、ベートーヴェンのメッセージなのです。

これは、これまで上流階級の文化こそ正しく、市民はその真似をしていればいいという価値基準の転倒、革命にほかなりません。市民の歓喜、市民の連帯こそが、新しい美の基準なのだ、という宣言なのです。

もともと「第九」は、ロンドンのフィルハーモニック協会の依頼に応えたものでした。ベートーヴェンはロンドンのフィルハーモニック協会にあてて、「このたび、依頼をうけて、最も市民社会が発達し、自由な思想が行き渡っているロンドンの皆様のために、この曲を書くのは光栄です」といった趣旨の手紙を送り、前例のほとんどない合唱付きの交響曲をつくり上げたのです。

一方で、兵士たちのために『戦争交響曲』を作り、市民が参加する「歓喜の歌」で交響曲をしめくくる。もう一方で、成熟したハイクラスの市民に向けて高度な弦楽四重奏曲やピアノソナタを発表する。ベートーヴェンの音楽は、市民層を上にも下にも広げていくものでした。つまり、自らの音楽を追求することと、近代市民という新しい聴衆のニーズに応えることとが完全に一致する。こんな作曲家はほかにはいません。だからベートーヴェンは偉大なのです。

第五章　ロマン派と新時代の市民

大都市の娯楽、オペラ

前の章では、ベートーヴェンの音楽が、広大な裾野を形成する民衆層と、複雑で高尚な音楽を志向する上級市民層の両方をリードした、と述べました。これはある意味で、冒頭で触れたクラシック音楽の「娯楽」と「権威」の両極を象徴しています。

十九世紀、大都市の市民社会・市場経済がさらに発展していくと、この「娯楽」と「権威」の二極化はますます進行していきます。

そのなかで、「娯楽」としてのクラシック音楽の頂点に君臨したのがオペラでした。これはまさに大都市の娯楽です。オペラ専門の劇場となると、とにかく予算がかかりますから、パリ、ロンドン、ウィーンのような大都市で、富裕な市民がたくさんいて、どんどんお金を落としてくれるところでなければ成り立ちません。ドイツの中規模の都市では、劇場はあっても、オーケストラの演奏会が定期的に開かれて、時々オペラも上演するので精一杯なのです。

だから十九世紀の音楽家でも、ドイツを拠点としたシューマンやメンデルスゾーンなどは交響曲やソナタには力を入れても、オペラ作品は非常に少ないし、創作の軸にはなっていません。それは彼らの個人的な資質もさることながら、環境的な要因も少なくないと思います。つまり、オペラをつくり続けられるほどの観客がそもそもいなかったわけです。

大都市のオペラハウスはまさに富裕な市民たちの社交の場でもありました。オペラ通いが一級市民の仲間入りをした証だったのです。半ば衣装を見せびらかしに来ているのではないか、というくらい着飾った人々が、ずっと観ていると疲れるので、途中で席を外して近くの高級レストランで食事を楽しみ、また劇場に戻る、というのが当時の観劇スタイルでした。これは江戸時代の歌舞伎とも似ています。爛熟した大都市の娯楽は、どこも似てくるのかもしれません。

グランド・オペラの隆盛

なかでも十九世紀の前半に、パリのオペラ座で大人気を博したのが、四時間も五時間も続くグランド・オペラでした。大編成のオーケストラと大規模な舞台装置をバックに、豪華な衣装を身に着けた多数の登場人物が歌い踊る。ストーリーは荒唐無稽、山場に次ぐ山場で、音楽もさまざまな刺激的な要素が詰め込まれた無国籍なごった煮スタイルです。

そんなグランド・オペラの代表的作曲家といえばジャコモ・マイアベーア（一七九一～一八六四）でした。年代的にはオペラの王様ロッシーニとほぼ同世代です。

そもそもこのマイアベーアという音楽家自身、ちょっといかがわしいというか、複雑なアイデンティティの人物でした。ベルリン近郊の裕福なユダヤ人銀行家ベーアの息子として生まれましたが、母方の祖父リープマン・マイア・ヴルフの遺産を相続する際にマイアをもらい、ベーアにくっつけてマイアベーアとなります。ベルリンで音楽を学び（このときの先生のひとりが、モーツァルトの物語に敵役として欠かせないサリエリでした）、イタリアにオペラの勉強に行きます。

このころから本名のヤーコプをイタリア風にジャコモと改め、大都会パリにやってきて、イタリア様式とドイツ様式を折衷して、フランス語のオペラをつくるようになるのです。もうドイツ人なのかイタリア人なのかフランス人なのか、よくわかりません。マイアベーア自身が無国籍のごった煮スタイルだったわけです。

作品も同様で、『悪魔のロベール』では十三世紀のシチリアが舞台となり、『アフリカの女』ではアフリカから連れてこられた女奴隷（実は女王）が登場したりと、エキゾティックな設定を奔放に展開させていきます。しかも一幕、二幕、三幕と、音楽的には脈絡のないまま、場面によって、曲がイタリア風になったり、ドイツ風になったり、フランス風になったりする。ある意味では、非常にグローバルな音楽でした。

これが十九世紀のパリという国際的な大都市と非常にマッチしたわけです。ヨーロッパ内外のあらゆる物品が流れ込んでくるパリ。商業ネットワークも、海を越えて広がっています。

マイアベーア

そして、そこで暮らす市民たちも、パリの繁栄に引き寄せられて、ヨーロッパ各地から集まってきた人たちでした。彼らはある意味で、故郷を喪失した根無し草でもありました。ちょうどマイアベーア自身のように。実はこのマイアベーアに憧れ、同時に憎悪したのが、次の章の主人公であるワーグナーでした。グランド・オペラの猥雑な世界と、ワーグナーの荘厳な音楽がどこで関係するのかは、次章で詳しく述べます。

本式のオペラの観客が富裕な市民層中心だったとす

オッフェンバック作
オペレッタのポスター

ると、庶民の間で流行したのがオペレッタでした。オペレッタとは「小さなオペラ」という意味です。明るいメロディと軽快なテンポ、笑いとパロディが売り物で、有名なところでは、フレンチ・カンカンで知られるジャック・オッフェンバック（一八一九〜一八八〇）の『天国と地獄』や、ヨハン・シュトラウス二世（一八二五〜一八九九）の『こうもり』などがあります。

オッフェンバックはプロイセン王国のケルン出身ですが、活躍したのはパリで、一八五五年には自分でブフ・パリジャン座というオペレッタのための劇場を開いています。音楽家が自ら劇場主となるのも、市民と市場の時代を象徴しています。オッフェンバックもまたマイアベーアのような越境者でした。

教育というマーケット

十九世紀になり、音楽をめぐるマーケットとして確立してくるのが教育というジャンルです。楽器を演奏することがブルジョワのたしなみとして普及し、アマチュアでも音楽教師について習うことが広がり出すのです。

これに大きな影響を与えたのが、ピアノの発達でした。それまでの水平に弦を並べたグランドピアノから、十九世紀の前半になると、弦を垂直に配したアップライトピアノが開発されます。するとコンパクトになって、一般の家庭でも置くことができる。

そこで大量の練習曲がつくられるようになります。十八世紀のバッハもたくさんの練習曲をつくっていますが、これは自分の子どもたちを音楽家に育てるためにつくったものでした。いわば音楽家としての徒弟修業のためのもので、バッハ自身は公にするつもりもなかったものが、彼の死後に出版されるようになったのです。

それに対して十九世紀になると、練習曲そのものが商品になります。楽器を習いたい一般市民に向けて、フェルディナント・バイエル（一八〇六～一八六三）がつくったような初心者用のものから、かなり高度なエチュードまで、段階的に難しくなっていくようにつくられていく。ベートーヴェンの弟子のチェルニーは数多くの練習曲を残したばかりか、レッスン料をとって弟子を教え、レッスンのための教科書も執筆しました。こうなると、立派な教育産業です。

もっと有名な作曲家としては、フレデリック・ショパン(一八一〇〜一八四九)やフランツ・リスト(一八一一〜一八八六。ちなみにチェルニーはリストの師匠でもありました)も、今でも人気の高いピアノ練習曲を残しています。この二人は超絶技巧のピアニストとしても高い人気を集めましたが、特にショパンはピアノの個人レッスンによって生計のかなりの部分をまかなっていました。

リストは当代随一の人気ピアニストでしたから、ヨーロッパのみならず、ロシアやアメリカまで招待されて、演奏旅行を行なっていました。そこで、たとえばベートーヴェンの九つの交響曲とか、ベルリオーズの『幻想交響曲』などをアレンジして、ピアノ一台で演奏してしまうのです。

これはもちろん、リストのテクニックとアレンジの凄さでもあるのですが、ピアノという楽器の特性として、八十八鍵と音域が広いために、一人では難しくとも、せめて二人で連弾すれば、オーケストラの曲をピアノ用に編曲することは可能なのです。

いくら十九世紀でも、毎日オーケストラが演奏しているわけではありません。しかし地方でもピアノ一台あれば、リストのような名人がやってきて、交響曲やオペラをアレンジして弾いてくれる。さらには、ピアノ用に編曲したものを楽譜にして売れば、ご家庭でベートーヴェンやブラームスの交響曲が楽しめるわけです。だから、市民の家庭にピアノが普及したんですね。

さらに、市民が楽器を習うことで、アマチュアの音楽愛好家が増えれば増えるほど、ホールで催される演奏会のチケットも売れるようになる。こうして消費の拡大が行なわれていったのです。

バッハの再発見

こうして楽器を習ったりすることで、市民層のなかにも、ハイドンを抱えたエステルハージ家のように、趣味良く洗練された新しい音楽を求める人たちもあらわれてきます。ベートーヴェンの難しいピアノソナタを愛好するような、新しくハイ・レヴェルな受容層で

メンデルスゾーン

す。彼らのニーズに呼応するかたちで登場するのが、祖父が有名な哲学者で、ユダヤ人のインテリ家庭で育ったフェリックス・メンデルスゾーン（一八〇九〜一八四七）や文学的教養も豊かで音楽評論の分野でも活躍したロベルト・シューマン（一八一〇〜一八五六）といった、いわばベートーヴェンの次世代の作曲家たちでした。

実は、バッハを作曲家として再発見したのも彼らでした。メンデルスゾーンは、少年時代に母親からバッハの『マタイ受難曲』の楽譜を買い与えられ、その音楽に魅せられます。そして二十歳でその『マタイ受難曲』を演奏するのですが、このとき、バッハの死後初めて、観客相手にこの曲が演奏されたといいます。あまりにも時代錯誤な煩雑さを厭わずに対位法的な均衡ある秩序を追求したために、同時代からは置いてきぼりを食って忘れ去られていたバッハが、新時代の市民に相応しい音楽を提供しなくてはと試行錯誤していたメンデルスゾーンやシューマンたちにとって、魅力的な模範となったのです。

ここで注意したいのは、作曲家たちだけが観念的になって、聴衆を見捨てて、複雑で難しい音楽をつくるようになったわけではないことです。バッハ再評価を含むメンデルスゾーンらの方向性は、手の込んだ表現のほうが面白くなってきた「耳の肥えた」市民層の台頭と連動していたのです。

ベートーヴェンの壁

メンデルスゾーンたちがバッハの再評価に至った理由としては、作曲家としてのやむにやまれぬ切実な事情もありました。それは「ベートーヴェンの呪縛」です。

前章でも述べたように、ベートーヴェンは市民のためのクラシック音楽の可能性の大鉱脈をほとんど採り尽してしまった。これ以上ベートーヴェンを引き取って発展させようと思っても、その余地はもう残されていなかったのです。メンデルスゾーンやシューマンら次世代の人々は途方に暮れたことでしょう。

そこで彼らが見出したのは、知る人ぞ知るバッハだったのです。忘れ去られていたバッハの凝りに凝った美学を研究し発展させることで、市民社会の音楽にベートーヴェンとは違った性格を盛り込めないかと考えたのです。

たとえばシューマンです。彼はバッハの対位法的な鍵盤音楽に大いに学びました。前に、バロック期の音楽の特徴は、主役をはっきりさせることだと述べましたが、バッハは声部を均衡させることにこだわり、主旋律と伴奏に単純に分割できるような行き方を忌避しました。シューマンはそこだと思ったのでしょう。シューマンのピアノ曲でも『森の情景』や『子供の情景』などの作品で、バッハ的な多声部の均衡を再現しようとするのです。

つまり主旋律が明瞭に立ってこず、対位法や和声の編み目の中で、霧のかかったように、モゴモゴ言っているような具合になる。バッハなら対等な線の動きの明晰な均衡がはかられるところを、シューマンはバッハ的な線の絡み合いをロマンティックなメロディとハーモニーのもとに行うので、バッハに学びながら、バッハとは見てくれはずいぶん違う音楽が立ち現れます。主役の線が見つからない点では確かにバッハに通じますが、くっきりとした複数の線の幾何学的均衡ではなく、不明瞭な複数の線の滲み合いのようになる。それは森の茫洋とした木々や草々の絡まり合いかもしれないし、子供のまだ固まった個を持たない分裂した心なのかもしれないし、曖昧模糊として揺れる悩み多き近代的自我みたいなものかもしれません。とにかくシューマンはバッハを模範としながら、つかみ難い不明瞭な音楽を創造したのであり、それは無論ベートーヴェンには見つからない要素です。

そしてつかみ難い不明瞭なものとは、何も定かでない近代文明に生きる人間につきまとう永遠の影法師であり、ベートーヴェンの「歓喜の歌」の裏面に潜む永遠の闇なのです。こうしてシューマンはバッハをロマン派に応用し、模倣し、換骨奪胎し、ポスト・ベートーヴェン時代の市民の音楽を創造しました。

アカデミズムと「教養市民」

ポスト・ベートーヴェン時代の市民とは何者でしょうか。成り上がり時代の市民とは違ってきます。高尚さや趣味の良さに憧れながら、「歓喜の歌」で満足できる、根は単純な市民ではもはやない。生まれながらの近代ブルジョワで、はじめから衣食足りて、礼節も、愛や真善美を求めて得られぬ高尚な苦悩も知るようになります。「父や祖父の世代」のもとをただせば成り上がりブルジョワの野卑な精神を憎み、何か高いところに救いを求めるのだが、かといって近代の世俗化した市民としては神の崇高に今さら憧れるわけにもいかず、ついに芸術の権威、音楽の高尚に、市民社会における神の等価物を求めるに至ります。

ここにおいて、ブルジョワのためのクラシック音楽は、「歓喜の歌」から背を向けることを運命づけられるのです。クラシック音楽の権威化が起こる。自分は他の市民たちとは違い、より複雑で高度な音楽が理解できるのだと言いたくなる。〝上から目線〟の世界です。

こうした傾向は「受け取り手」の側の問題ですが、これに対応する音楽家側も、やはり権威化への道を進みます。これはメンデルスゾーンが、シューマンが、といった個別の作曲家の次元ではなく、制度の問題でした。音楽学校というシステムの成立です。

フランス革命のあと、もともとはルイ十四世が宮廷の音楽家たちを養成するために作った王立声楽・朗読学校が改編され、一七九五年に広く市民社会で活躍する音楽家も育てる音楽院となります。それはこれまで王に近い階級だけが独占していた音楽への道を、広く開放するものでした。その意味では、一七九三年に開館され、民衆にも美術品を公開したルーヴル美術館と同様、市民への「高級芸術」の解放だったのです。王のための芸術が、市民のための芸術に変じたのです。

ところが、学校というものは一人歩きするものです。たとえば音楽院の教授になれば、学校から給料をもらい、身分も保証されて、一生食べていけるようになります。しかも作曲関係の教授となると、実作に役立つ理論をアカデミックに研究し、その理論の模範例を音楽学生に示すために作曲するのです。要するに理論や原理が一人歩きして、フーガとかハーモニーとか対位法とか、作曲を学ぶのに必要な教科のそれぞれが、理論のための理論、技術のための技術となっていく。

するとどうなるか。一般市民に受ける曲を書かないと暮らしていけない、という大前提が変容してくるのです。

かつての音楽家たちは、教会や王様や貴族といった雇い主の趣味にかなうような曲を書かなくてはなりませんでした。そうしないと食べていけないからです。それが市民社会になると、一般市民という消費者のニーズを意識しなくてはなりません。クライアントの意向を尊重するという意味では、ヘンデルやハイドン、モーツァルト、ベートーヴェンも同じでした。

しかし、音楽学校＝音楽アカデミズムの世界が確立してしまえば、公なりなんなりのサポートにより学校が維持されている限り、そんな制約を受ける必要はありません。

高度な教育を施すために必要ということで、アカデミズムの理論がどんどん煩雑化していっても、外部のチェックを受けることもなくなる。王や貴族の趣味を満たすための学校なら、王や貴族が要らないと思える教科が入り込もうとすれば、排除することができたのでしょうが、アカデミズムが独立して象牙の塔になれば、内容をチェックできる外部は消える。アカデミックな音楽家のやっていることは、アカデミックな音楽家にしかよくは分からないのですから。よく言えば「芸術の自立」ですが、悪く言えば「閉鎖された専門家の世界の成立」です。

そうなると、一般民衆には難解だったり退屈だったり意味不明だったりする曲をつくっても、音楽家たちのサークル内で評価されれば、かえって趣味の良さ、高級さの証となり、それを余所者がつまらないと批判しても、「無教養」だからそういうことを言うのだと切り返されるだけになる。

一方、市民の側にも「教養市民」が登場します。専門家による専門家のための創作というべきアカデミックな音楽、あるいは容易な理解を拒む複雑さや新しさを打ち出した音楽を分かってしまえる市民は、教養人であり、より高級な存在ということになる。市民社会が豊かになり教育も進んでゆくポスト・ベートーヴェン時代には、「教養市民」は増えてゆく一方ですから、「教養市民層」という新しいマーケットも生まれてきます。ひどく極端な言い方をしてしまいますと、難解で退屈であること自体が、ネガティヴでなくポジティヴになり、「権威」という商品価値を持つようになったのです。

クラシック音楽には、一般の聴衆と乖離した難解な音楽というイメージもつきまとっているでしょう。もともとが一般人に近づきがたい神の超越した雰囲気をあらわすところから繋がってきている音楽なのですから当たり前なのですが、それは、「音楽はみんなのもの」になるかと思われたベートーヴェンの「歓喜の歌」の時代の後に、改めて独特なひねくれ方をして、かえって強められてしまう。「教養市民」の趣味は、市民社会の中で、自分自身や自分の限られた仲間を他と区別するために発達するのです。お前は分からないが俺さまには分かる！　なぜなら教養があるからだ！　これこそが「教養市民根性」であり、ポスト・ベートーヴェン時代の市民社会が進んだ一方の道でした。

市民に音楽を解放するもののはずの学校というシステムが、「一般市民」の好みやニーズとかけ離れたアカデミズムの「煩瑣と退屈」を生み出してしまう。開いたつもりがまた閉じる。これは近代の逆説のひとつといえるでしょう。

手が届かないものへのあこがれ

考えてみると、この章はロマン派を扱っているはずなのに、ロマン派の定義をしていないままでした。

すでに登場したメンデルスゾーンやシューマン、ショパン、リスト、そしてフランツ・シューベルト（一七九七〜一八二八）、次章で論じるワーグナーといった作曲家たちは、音楽史ではロマン派の作曲家と呼ばれます。

では、彼らロマン派の特徴とは何か。その本質は旅にあるでしょう。その旅は、距離的にも、時間的にもどんどん遠くなり、空想の世界となって、現実には存在しない夢を求めていく。

メンデルスゾーンの最も有名な作品である交響曲第三番『スコットランド』や第四番『イタリア』、序曲『フィンガルの洞窟』などはいずれも演奏旅行で着想を得たものでした。また彼は古典の教養も豊かでしたが、交響曲第二番『賛歌』はコラールを用い、第五番はずばり『宗教改革』。何百年という時間的なへだたりをモチーフにしているのです。

シューマンなら交響曲第三番『ライン』。彼が好んで散歩していたというライン川沿岸の光景が、楽曲世界に大きな影響を与えています。彼はツヴィッカウというドイツ東部の出身で、ライプツィヒからドレスデンを経て、フランスにほど近いデュッセルドルフに移ったときには、街の明るさに驚いたといいます。『ライン』はこのデュッセルドルフ時代の作品ですが、ここにもやはり空間の移動による衝撃がある。のちにシューマンは精神を病み、ライン川で投身自殺をはかります。救助され、一命を取り留めたものの、二年後に亡くなってしまうのです。

演奏旅行に明け暮れたリストは、しばしば出向いた土地のメロディに取材して、ピアノ曲をつくりました。「第一年　スイス」、「第二年　イタリア」と、各地の印象がピアノで奏でられるピアノ独奏曲集『巡礼の年』は、まさに旅の音楽です。

さらに人生そのものが旅だといえるのがショパンでした。彼は大都会パリでピアニストとしてブルジョワ向けのサロンで人気を博し、多くの教え子も持って、さらに作家のジョルジュ・サンドとも恋仲になるなど、華やかな生活を送りますが、この根底には、故郷であるポーランドへの思いがありました。熱烈な愛国主義者だったショパンは、故郷から遠く離れた土地で暮らしながら、『英雄ポロネーズ』、『幻想ポロネーズ』などのポロネーズ

ショパン

（ポーランド風舞曲）や、『マズルカ』と名づけられたポーランドの民族舞曲を下敷きにした作品などをいくつも残したのです。

　そんなロマン派の作曲家のなかでも、最もロマン主義的な旅を象徴しているのは、シューベルトの連作歌曲集である『冬の旅』でしょう。そこで表現されているのは、どこにも自分の居場所がなく、凍てつくような冬の景色の中、ひたすらさすらい、放浪し、ついには命が果ててしまうという世界です。

　とにかく自分の手が届かないものにあこがれるということ。今、自分のいる場所ではない、ほかのどこかを求めてさまようこと。それがロマン派の精神なのです。これはある意味では、帰るべき場所、戻るべき共同体を失った近代人に共通した心象風景なのかもしれません。それはショパンのように、遠い故郷に対する熱烈なナショナリズムの形を取ることもあります。

「教養市民」が、よく分からない高尚な芸術など手の届かないものに憧れる姿も、まさにロマン派そのものです。近代資本主義も、遠くへ遠くへ、手のなかなか届かない遠くへ、市場を広げたい欲求で成り立つものだと思えば、ロマン派とは、芸術にとどまらない十九世紀西洋世界の全体を駆動した一種の病であったといえるでしょう。「遠距離思慕シンドローム」に支配された時代なのです。

そして、手の届かないものへの渇望に強烈なナショナリズムを強力に結びつけた作曲家が、かのワーグナーでした。

第六章 〝怪物〟ワーグナーとナショナリズム

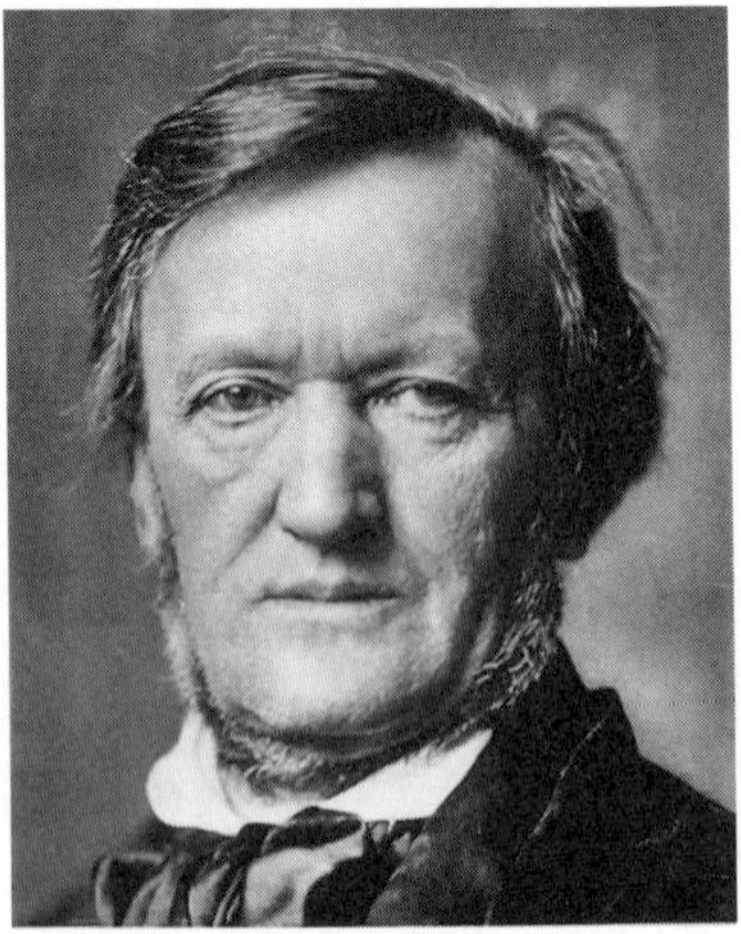

ワーグナー

ワーグナーの〝偉大さ〟

上演時間がおよそ十五時間にものぼる『ニーベルングの指環』など壮大な楽劇を数多く生み出し、しかも作曲だけでなく、脚本、演出、さらには劇場設計まで自分で手がけたリヒャルト・ワーグナー（一八一三〜一八八三）は、クラシック音楽の歴史において、まさに十九世紀の最後を飾るにふさわしい〝巨匠〟です。しかし、本書で論じたいワーグナーの〝偉大さ〟はそうした彼の芸術だけではありません。

ワーグナーが生まれ、その活動の拠点としたドイツは、資本主義のトップランナーであるイギリスや、革命で「自由・平等・友愛」を掲げ、近代政治思想をリードしたフランスに比べ、明らかに後進的存在でした。ワーグナーはその後進性を逆手に取り、近代と土着を結びつけた新しい民族主義を高らかに歌い上げたのです。これはニーチェなどの思想家のみならず、その後、ナチス・ドイツにも通じる政治思想へ影響を与え、さらには、日本など近代に遅れて参加した国々にも大きな影響を及ぼしたと考えてよいと思います。

その影響圏の広がりは、「市民の時代」の代表ベートーヴェンに匹敵する、まさに桁外れのスケールを持った〝怪物〟といえるでしょう。

大都会パリでの挫折

まずは彼の生涯を簡単に振り返りましょう。ワーグナーが生まれたのは十九世紀のはじめ、ザクセン王国のライプツィヒでした。かつてはバッハが音楽監督を務め、一八三〇年代の半ばからはメンデルスゾーンが管弦楽団の指揮者や音楽院の院長として活躍した町です。ワーグナーはライプツィヒ大学を中退し、ドイツの東端に位置するドレスデンや、帝政ロシア（現在はラトビア）の都市リガなどで、指揮者として活動しますが、多額の借金を抱えます。そして一八三九年、貧しく野心に満ちた青年ワーグナーが向かったのは大都会パリでした。そして、当時のパリで一世を風靡《ふうび》していたのが、前章で述べたマイアベーアのグランド・オペラだったのです。

後にワーグナーは激しくマイアベーアを批判するようになりますが、実は、もともとはマイアベーアに憧れ、大きな影響を受けていました。そしてマイアベーアのように、パリのオペラの世界で成功することを夢見ていたのです。実際にもマイアベーアに庇護《ひご》を求めますが、うまくいきませんでした。

「根無し草」批判

このパリでの挫折の経験は、ワーグナーの世界観に決定的な影響を与えました。

彼はパリやロンドンといったインターナショナルな先進都市のあり方を「根無し草」だと批判するようになります。目まぐるしいスピードで流通するお金がすべての価値の基準となる世界で、刹那的な刺激を求めるだけで持続性がないとして、それを「ユダヤ性」と表現しました。ワーグナーは、匿名で「音楽におけるユダヤ性」という論文を発表し、マイアベーアや、やはり富裕なユダヤ人の一族であるメンデルスゾーンなどを俎上《そじょう》に載せています。要するに、無国籍でうつろいやすい資本の論理が、音楽を、さらにいえば社会をダメにしているというわけです。

本当はドイツ出身なのに、イタリア風にジャコモを名乗り、パリで大成功した、裕福なユダヤ人銀行家の息子であるマイアベーアは、まさにワーグナーが批判する「根無し草」そのものでした。その音楽も、題材はアフリカや南米などまで登場する無国籍ぶりだし、刺激の強い要素をパッチワークのようにつぎはぎしただけで、場面ごとに曲のスタイルもコロコロ変わる。こんなデタラメで、株式市場の変動のように刹那的で、近代性と資本主義そのもののような音楽ではいけないと、ワーグナーは唱えたのです。

この「根無し草」性は、もちろんユダヤ人だけに限りません。大都市に生きる人々は、基本的には故郷を離れ、帰るべき場所を喪失しつつある「根無し草」だといえます。つまり、ワーグナーの批判は、資本主義批判でもありました。

「民族」の発見

では、どんな音楽を目指すべきなのか。グランド・オペラを生み出し支持しているのは、強力な資本主義化の流れにほかなりません。それに抵抗するのは生易しいことではない。

そこでワーグナーが見出したのが「民族」でした。特定の地域の文化や伝統、民族性に根をおろしたもの、神話や伝説など、フォルク（民族、民衆）に支えられてきた土着的な文化である、と考えたのです。

そう主張したワーグナーは、愛欲の女神の棲む異界に誘われてしまった中世ドイツの騎士の帰還を描いた『タンホイザー』や、宮廷での陰謀に聖杯の騎士や妖術使いなどが絡まる『ローエングリン』、古代の伝説から発想された『トリスタンとイゾルデ』、そして北欧神話をベースにした『ニーベルングの指環』など、神話や伝説に材をとった作品を次々とつくっていきます。それらの作品には、ドイツの地とゲルマン民族という血のアイデンティティがはっきりと示されています。

そこにはワーグナーの危機意識もあったと思います。イギリスやフランスの後追いを続けても、結局は彼らのエピゴーネン（亜流）にしかなれない。むしろ、文化的にも経済的にも英仏の資本主義や共和政治の理念にすっかり呑み込まれてしまって、自分たちのアイデンティティは失われてしまう。

ドイツにとってこの恐怖はけして絵空事ではありません。実際にイギリスがナポレオンを倒さなかったら、フランスによるヨーロッパ支配は実現してしまったかもしれなかったのです。

そしてナポレオンが敗れたあと、ワーグナーが新たな脅威として見出したのが「ユダヤ性」、すなわちすべてを根無し草にしてしまう資本主義だったわけです。

しかし、一方でワーグナーの壮大な楽劇は、その長大さや物語のスケールの巨大さ、たくさんの楽器を並べた大規模なオーケストラなど、手法の面では、パリのグランド・オペラなどに多くを学んでいました。また革命祭典などで大編成の楽団を駆使したベルリオーズなどの影響もみられます。

つまりワーグナーは大都市が生み出した近代的な文化をも取り入れつつ、それを超えようとしたわけです。

ドイツ統一より先に

前章でメンデルスゾーンやシューマン、ショパン、シューベルトといったロマン派の音楽家に共通する特徴として、手の届かないものへの渇望、けして行き着くことのできないところへの放浪の想いを挙げました。こうしたロマン派が登場する背景には、ワーグナーが敵視したイギリスの資本主義、フランス革命が大きな影響を及ぼしたと考えることもできるでしょう。

イギリス発の近代資本主義、フランス発の共和主義はいわば十九世紀版のグローバリズムでした。お金と民主主義が、これまでの国家や共同体の境を乗り越えて、誰もが参加でき、かつ誰もが従わなければならない普遍的な価値として入ってきたのです。それは、旧来のローカルな社会を破壊するものでもありました。

イギリス的な資本主義が世界中に及ぶなかで生じたのは、人間の大都市への集中です。それは不可避的に地方から大都市に移り住む大量の〝故郷喪失者〟と、地方共同体の衰弱を伴います。

またフランス革命の後、ヨーロッパはナポレオン戦争の戦場となります。これはフランスの周辺の国々からすれば、ナポレオンによって、自分たちの国がめちゃくちゃにされてしまったわけです。ここでも故郷は荒廃してしまう。

ロマン派に共通する特定の風土や故郷へのあこがれ、遠い世界へとさまよう不安は、故郷を離れざるを得なかった人間の、現実にはない〝帰れない場所〟を夢見ることと無縁ではないのではないか。いま自分のいる場所が理想の世界ではないから、どんどん遠くを求めて、最後は幻想のなかに至るわけです。

その意味では、メンデルスゾーンやシューマン、ショパンらとほぼ同世代であるワーグナーも、ローカルな神話や伝説の世界を追い求め、時間的にも空間的にも「手の届かない場所」を追い求めたという点で、ロマン派の一員といえるでしょう。しかし、ワーグナーが異なるのは、はるか遠くに思い描いた理想の世界を反転させ、ドイツ民族の源郷として設定した点です。そして、そこを起点に、新たな「故郷」をつくっていくのがワーグナーなのです。

ドイツが統一されるのは、普仏戦争に勝利した一八七一年のことです。『タンホイザー』や『ローエングリン』、『トリスタンとイゾルデ』などが発表されたころには、まだ地上にドイツという国はなく、ドイツ国民も存在しませんでした。『ニーベルングの指環』が初めて上演されたのは一八七六年ですが、ワーグナーはこの作品の完成までに二十六年もの歳月を費やしています。ある意味、ワーグナーは現実のドイツに先行して、理想のドイツを創造してしまったともいえるでしょう。

近代＋土着を取り入れた日本

普仏戦争で、プロイセンがフランスに勝利したことは、世界中に衝撃を与えました。フランスやイギリスといった先進国こそが普遍的なのであって、ドイツやイタリアをはじめ他の地域は古くさいローカルな考えは捨てて、先進地域の真似をすればいいし、するしかないだろう——。当時の人たちはそう考えていたはずです。

ところがプロイセンが勝ってしまった。その出発点はやはりナポレオン戦争だったと思います。ナポレオン軍は、革命によって国民としての自覚＝ナショナリズムに目覚めたフランス民衆から成り立っていたから強かった、とはよく言われるところですが、そのナポレオン軍に征服されたことによって、周辺国でも、もう他国＝フランスに蹂躙《じゅうりん》されたくないというナショナリズムが芽生えていきます。

ドイツにおいては、ワーグナーの楽劇が表現した「ゲルマン民族」のイメージは、民族が新たに結集していくための触媒の役割を果たしました。ワーグナーからドイツ・ナショナリズムが生まれた、といわれるのはそのためです。

ワーグナーの優れていたところは、それが単なる近代の否定ではなかったことです。あのグランド・オペラからも、長所となる点、自分にとって使える部分は徹底して吸収する。そして、そこに土着の価値観＝民族という〝根〟を生やす。この近代＋土着のナショナリズムによる統合が、非常に強力な国家を生むというモデルを示したのが普仏戦争だったのです。

これはほかの後進地域にも重大なヒントを与えました。なかでも最も敏感に反応した国のひとつが日本だったといえるでしょう。

遅れて近代世界に参入せざるを得なくなった明治日本でも、ドイツと同様の問題が起こります。

啓蒙主義＋立憲民主制のグローバリズム・セットでいこうと考えた人たちもいました。その代表的な存在が福沢諭吉や大隈重信でしょう。しかし、やっぱりそれじゃ無理だろうという考えが、時代の趨勢《すうせい》になっていきます。グローバリズムにそのまま乗っかっていくだけでは、結局はイギリスなどの手先になるだけじゃないかという不安はぬぐえない。

そこで参考としたのがほかならぬプロイセンであり、できあがったのが文明開化（近代）＋天皇・神道（土着）からなる明治国家だったのです。その意味では、日本もワーグナー・モデルの影響下で成立した国だった――そう言ってしまうと、大風呂敷に過ぎるでしょうか。

国民楽派の誕生

この近代＋土着で近代（英仏）を超えようという発想はなかなか強力だったので、またたく間にヨーロッパ中に広まります。考えてみれば、ヨーロッパでも英仏のような先進地域は少数で、後追いグループのほうが圧倒的に多数派ですから、それも当然といえるでしょう。

「近代＋民族性＝新しい音楽」というワーグナーの公式を学んだフォロワーたちが「国民楽派」です。ロシアのモデスト・ムソルグスキー（一八三九～一八八一）、ノルウェーのエドヴァルド・グリーグ（一八四三～一九〇七）といった人々が、民謡や伝説に取材するなど、それぞれのナショナル・アイデンティティを背負う形で登場してくるのです。

ムソルグスキーらと共に、民族主義的な音楽を志向した「ロシア五人組」の一人ニコライ・リムスキー＝コルサコフ（一八四四～一九〇八）は、海軍の軍人でもありました。民族主義の作曲家は同時に帝国主義の担い手でもあったわけです。海軍一家の出身で、コルサコフの兄は、一八五三年、長崎に来航したプチャーチンの艦隊の一員でした。コルサコフ自身も、南北戦争ではアメリカ東海岸に派遣され、メキシコやブラジルも訪れています。

アントニン・ドヴォルザーク（一八四一〜一九〇四）やベドルジハ・スメタナ（一八二四〜一八八四）を生んだチェコは、当時はまだハプスブルク帝国の支配下にありました。『わが祖国』を書いたスメタナは革命運動に参加していましたし、ドヴォルザークの『スラブ舞曲集』、あるいは新天地アメリカから故郷のボヘミアを望んだ『新世界より』といった楽曲も、チェコ・ナショナリズムと深く関わっています。

フランスのワグネリアン

ほかのどこよりも普仏戦争で大きなショックを受けたのは、負けたフランスです。そのインパクトの強さをよくあらわしているのが、『海』や『夜想曲』でフランスを代表する作曲家とされるクロード・ドビュッシー（一八六二〜一九一八）です。

前にも述べましたが、敗戦後、フランスでベートーヴェンの評価が上がります。それ以上に顕著だったのはフランス音楽界にワーグナー信奉者がたくさんあらわれたことでした。彼らはワグネリアンと呼ばれ、こぞってワーグナーの活動拠点であるバイロイト詣でを始めたりします。ドビュッシーもその一人で、一八八八年にバイロイトを訪れ、『ニュルンベルクのマイスタージンガー』と『パルジファル』を聴いています。

ドビュッシー

このドイツ音楽ブームは、単なる戦勝国への追従や羨望だけでは説明できないでしょう。普仏戦争の敗戦を機に、フランスで見られたもうひとつの顕著な現象は、ナショナリズムの高揚でした。ナポレオン戦争によってヨーロッパ各地でナショナリズムが目覚めたように、フランスもまた敗戦によって、国家を強く意識するようになったのです。

後にバイロイトを再訪したドビュッシーは、ワーグナーの限界を感じたとして、アンチ・ワグネリアンを標榜《ひょうぼう》することになりますが、ある意味では、ワーグナーを換骨奪胎し、フランス的なもの、ラテン的なものに引き寄せていくこと、もっと言えば、ワーグナーを触媒として新たに「フランスの音楽」をつくることが、ドビュッシーの課題だったといえるでしょう。

晩年、一九一四年に第一次世界大戦が勃発すると、ドビュッシーはナショナリズムに燃えて、署名とともに「フランスの音楽家」などと書き付けるようになります。

そのドビュッシーはこんな言葉も残しています。――前の戦争（普仏戦争）ではドイツにワーグナーがいた。今度の戦争ではリヒャルト・シュトラウス（一八六四～一九四九）しかいない、と。つまりフランスにはシュトラウスより偉大な自分がいるから、戦争に勝てる、というわけです。ワーグナーを卒業したと宣言していたドビュッシーですが、このように音楽とナショナリズムを深く結びつける発想自体、とてもワーグナー的なものにも思えます。

総合芸術としての楽劇

もうひとつワーグナーの音楽で重要なのは「総合性」です。

ワーグナーが目指したのは、緊密で有機的に統一された世界の総体を表現することでした。ワーグナーは、それを音楽として表現したのが、ベートーヴェンの交響曲やソナタや弦楽協奏曲だと評価していましたが、ただし、ベートーヴェンにはひとつ欠けているものがある、と考えていました。それは総合性です。

ワーグナーは古代のギリシア劇にまで遡り、本来のヨーロッパでは音楽と演劇、詩と舞踏が一体だったと論じます。バレエまで登場するオペラは総合的な音楽といえます。もちろんグランド・オペラのような無秩序なパッチワークは、とても有機的な統一とはいえません。

ベートーヴェンは、オペラは一曲しかつくりませんでした。その意味では、偉大なベートーヴェンも芸術の総合性という点では十分とはいえない。ベートーヴェンの緊密さでオペラをつくれば、ベートーヴェンを超えることができる――ワーグナーはそう考えたのです。

『トリスタンとイゾルデ』では、限られたテーマ＝メロディが無限変奏されてゆく、「動機労作」の要領で、ドラマ全編が紡がれてゆきます。まるでベートーヴェンの『運命』のように。

また特に『ニーベルングの指環』で顕著なのは「ライトモティーフ」の使用です。具体的には、諸登場人物や物語を構成する諸観念のひとつひとつにメロディ（ライトモティーフ）が与えられ、出てくるたびに、あるいは観客にその人、その事柄について気づかせようとするたびに、必ずそれぞれのライトモティーフが流れる。そうすることで、ワーグナーはドラマと音楽の一体化を実現しようとしたのです。

楽曲、詩、演技、踊りそのすべてを有機的かつ緊密に結びつけ、自分の理念を完全に体現した、総合された世界を作り出すこと。それこそが真の芸術＝総合芸術であり、それができるのは自分しかいない。そこでワーグナーは曲だけでなく、劇の台本、歌の歌詞も自分で手がけます。後にはバイロイトに自分の作品専用の劇場を建てますが、この計画から設計まで、ワーグナー自身によるものでした。

自分の音楽のための劇場

ワーグナーは自分の作品を鑑賞し理解するには、パリのように落ち着かない大都会ではなく、田舎で聴くべきだといい、バイロイト祝祭劇場を建てました。この劇場の最大の特徴は、オーケストラが舞台の下で演奏し、観客席からはまったく見えないことです。反対に、指揮者や楽団からも聴衆の姿は見ることができません。つまり、観客は舞台で演じられるものだけに集中するように設計されているのです。

ワーグナーの作品は総合芸術ですから、単に音だけを楽しむのではなく、またストーリーのみを追いかけてもいけない。そこには理想的な演出があり、衣装があり、装置があり、照明があり、舞台効果がある。まさに全的な体験として鑑賞されなくてはいけない。

だから演奏される劇場も、どこでやってもいいというわけではありません。ワーグナー自身がつくった理想の劇場、理想の空間においてこそ、最も正しい上演が行なわれる、と考えたのです。ことにバイロイト祝祭劇場での上演を想定して書き上げた舞台神聖祝典劇『パルジファル』は、この劇場以外での上演を禁じたほどでした。

ワーグナーが許せなかったのは、パリのグランド・オペラに代表される観劇態度でした。ブルジョワにとって重要なのは、オペラ座に通える自身のステータスを示すことです。オペラは社交の一環、アヴァンテュールのお飾りでさえあります。前にも触れたように、最初から最後までずっと観るわけではなく、食事をしたりしながら、さわりの場面だけ観てもいい。オペラを観ながら、お喋りだってする。こうした楽しみ方は、まさに貴族の模倣でもありましたが、当時は誰もおかしいとは思っていなかったのです。

しかしワーグナーは、これは芸術に対する冒瀆《ぼうとく》だと考えました。こんな観劇態度を前提としているから、大都市の音楽は絶対的に堕落するのだ、と憤《いきどお》ったのです。一部分だけ観ればよいというのは、作品の理想的な有機性を破壊し、まさに切り売り可能な商品として扱うことです。ワーグナーは、音楽を単なる消費の対象とすること自体を、資本主義的かつ近代的な堕落だと批判したのです。

だから、バイロイトのような田舎にオペラハウスを建てる。移動の自由を奪い、長時間――ワーグナーの楽劇は普通四時間、五時間はかかります――劇場に観客を閉じ込め、最初から最後まで集中して聴かせる。そうした純粋観客を、ワーグナーは求めたのです。そして演ずる側も、観客も、ワーグナーの芸術に一体化していくのです。

天才だけが価値をつくる

こうした劇場の建設は、バイエルン王ルートヴィッヒ二世（一八四五～一八八六）という稀有なパトロンの存在なしには不可能だったでしょう。「バヴァリアの狂王」との異名を持つルートヴィッヒ二世はゲルマン神話や騎士伝説を愛読し、ノイシュヴァンシュタイン城などの建築に財産を傾けました。まるでワーグナーのパトロンになるために生まれたかのような人物ですが、ここで重要なのはパトロンのあり方です。

たとえばハイドンのエステルハージ家と、ワーグナーのバイエルン王家では、芸術家との関係が決定的に違うのです。

ハイドンの場合、主体はあくまで雇い主です。パトロンの注文や趣味が最優先されるのです。これはたとえばモーツァルトやヘンデルでも同じです。

それに対して、ルートヴィッヒ二世は、芸術家を神として崇拝していました。だから、ワーグナーが思う通りに作品の上演ができるよう、バイロイト祝祭劇場を作らせたのです。つまり、主体は芸術家なのです。

この違いはどこからくるのでしょうか。

ルネサンス以降、芸術のテーマ、形式などが中世的な秩序や制約から解放されていきました。それまで価値の秩序を決めていた権威は教会だったのですが、現実に権力を持つ王侯貴族に代わり、さらにパリやロンドンのような本格的な市民社会では、イニシアティヴはお客である富裕な市民層へと移っていきました。

しかし、市民の権威はあくまで経済活動の成否にかかっており、そこでは常に激しい競争にさらされています。競争はあくまで相対的なものですから、絶対的な価値の源とはなりにくい。そうなると、価値の基準は作り手の側に傾いてきます。優れた個人、すなわち天才こそが価値を生み出すのであり、また何が価値かを決めることができる、と信じられるようになるのです。

そうなるとパトロンは、音楽家を自分の趣味に従わせることではなく、自由に創作する天才を支えることに、大きな価値を見出すようになったのです。

もうひとつ、ワーグナーの幸運は、バイエルンの後進性にありました。

ルートヴィッヒ二世

新しいパトロンとなった富裕な市民は、基本的には余剰の資産は次の投資に向けられますし、そのつどの景気の浮き沈みの影響も無視できません。資本主義社会をシビアに勝ち抜けば勝ち抜くほど、破産してまで芸術家を養うような、非合理な経済活動は行ないません。

また、もしワーグナーがパリのような大都市で成功していたとしても、今度は市場のニーズに応えなくてはなりません。自分で楽曲も脚本も書いて、自分だけの世界観を表現し続けるのは難しかったはずです。

それに対してバイエルンでは、十九世紀も後半だというのに、王様が惚れ込んだら、身代をつぶすまでは芸術家を養うことが可能でした。それだけの王権がまだ生きていた。結局、破産寸前にまで追い込まれたバイエルン公国は、一八八六年、ルートヴィッヒ二世を廃位します。ワーグナーはその三年前に世を去っていました。

第七章　二十世紀音楽と壊れた世界

黄金時代を過ぎて

十九世紀という時代を、音楽家の生涯と重ねてみると、ハイドンの晩年（一八〇九年死去）からワーグナーの死（一八八三年）を経て、アントン・ブルックナー（一八二四～一八九六）、ヨハネス・ブラームス（一八三三～一八九七）の死まで、重要人物がひっきりなしに登場し、次々に新しい作品を生んだ時代ということになります。

クラシック音楽としてくくられる音楽の歴史は数百年以上ありますが、現在、演奏され、CDなどで聴かれているレパートリーの大半は、この十九世紀につくられたといっていい。演目だけではなく、オーケストラの編成や劇場の構造、聴衆の姿勢などクラシック音楽をめぐる様々なスタンダードは、ベートーヴェンからワーグナーの時代に形成されていったのです。

これは偶然ではなくて、十九世紀という時代がまさに市民の時代だったことと密接に結びついています。経済的には市場経済、資本主義、政治的には議会主義、民主主義が広がっていき、「市民社会」というスタンダードを形成していく。これまでの教会や王侯貴族が支配した時代とは比較にならないほど多くの人々が、政治、経済に参加し、主役となっていきました。音楽もその例外ではありません。膨張し、上昇を目指す市民のエネルギーがベートーヴェンの『合唱付』を生み、さらに「民族」の結集となって、ワーグナーを支える。

では、その十九世紀を経て、クラシック音楽はどこに行き着いたのか？　それが最終章のテーマです。それは同時に市民社会の行方を論じることと重なっていくはずです。

エステルハージ化する市民

十九世紀後半から二十世紀初頭のクラシック音楽を大きく二つの流れで捉えるとすると、「洗練」と「超人志向」ということになります。

まず洗練のほうからみていきましょう。これは工業技術の進歩も大きいのですが、それまでかなりまちまちだった楽器の音色や性能・機能を揃え、均質化・一様化し、それからそれを扱う演奏家の弾き方も、美しくムラのないのがよいのだという方向に進みます。

そこでの模範は、近代鉄鋼業の発達によって急激に進化したピアノです。鍵盤を押さえれば、その音程が確実に一様に出る。このピアノが感性の鋳型を新しく作ってしまう。管楽器は、たとえばフランスとドイツでは規格が違うことも多く、また楽器によってどの音程が出やすくどの音程が出にくいということもあるのですが、なるべくムラが少なくなるように工夫されてゆく。

あるいはヴァイオリン。弦を指で押さえて音を出すのですが、先にも触れましたように、ソとレとラとミの音は、指で押さえずに弦をオープンにしている状態、すなわち開放弦で鳴らせます。開放弦の音は弦にストレスをかけませんので、どうしてもその音だけ他と比べて響きが良くなる。三大ヴァイオリン協奏曲とされるうち、ベートーヴェンとブラームスはニ長調だからレの音、メンデルスゾーンはホ短調だからミの音をキイにしています。いずれもよく鳴る開放弦を使っているわけです。

しかし、世紀の転換期を代表するヴァイオリニスト、フリッツ・クライスラー(一八七五~一九六二)は、開放弦を使うことを嫌いました。あえて他の弦で押さえ方を変えることで、レ、ラ、ミを出すのです。そうすることで、音の均質性を保とうとする。

つまり、もともとは開放弦で鳴る音が最も響きがいいので、それに合わせて、音にメリハリがつくように曲を作ってきたのが、そのメリハリがムラだと感じられるようになった。

だから、あえてトリッキーな演奏法で、ムラのない上品な音を追求したわけです。
これはある意味で、価値観の大きな転換でした。十九世紀も前半に活躍した名演奏家、ピアノでいえばリスト、ヴァイオリンでいえばニコロ・パガニーニ（一七八二〜一八四〇）は悪魔的な名手といわれましたが、彼らの音楽は人々を非日常の世界へ連れ去る、陶酔の音楽として評価されました。これはバロック以来の「俺が主役」型の音楽といえるでしょう。

それに対して、世紀の変わり目ごろになると、クライスラーに象徴されるように、荒々しく煽情的なスタイルよりも趣味の良い典雅さの中に微妙なニュアンスを込めるスタイルが高く評価されるようになります。これはブルジョワジーの成熟を意味するでしょう。落ち着いた表現の中に様々な綾を聴き取る。過剰な表現は品が悪く興ざめでくたびれると考える。成熟し、耳も肥え、美味しい食材に囲まれているので、強い香辛料は必要としなくなった、いわば坂の上までだいたい登り切った上層市民が多くいたから、クライスラーは天下を取れたのです。

繰り返しになりますが、もともと市民層のクラシック音楽愛好は、王侯貴族の趣味を模倣するというところから始まった面があります。そこでは音楽は祝祭的な娯楽に興じる興奮と、地位上昇の高揚感がないまぜとなったものでした。しかし、上層の市民にはもはやそうした興奮はありません。彼らにとって、オペラや交響曲、ピアノやヴァイオリンの独奏を聴くことは、刺激ではなく日常となったのです。

　いってみれば、市民のエステルハージ化です。高い教養を備えるようになった上層の市民たちは、ハイドンのパトロンだった上流貴族、エステルハージ家の人たちのように音楽の微細な差異を聴き分け、品良く楽しめるようになった。それはクラシック音楽のひとつの成熟であり、市民社会がある完成形に至ったともいえるでしょう。

　しかし、そこではもう、ロンドン市民を居眠りさせまいと大音量を鳴らせたハイドンや、一曲ごとに世界がひっくり返るほどのショックを与えたいと必死になったベートーヴェンやワーグナーは求められなくなっていた、ということもできるでしょう。

　二十世紀になると、クラシック音楽は、名曲を、どのように見事に演じ、新たな解釈を提示して、教養ある市民たちを満足させられるかという指揮者・演奏者が主役の時代に入っていきますが、その萌芽をみることも可能かもしれません。

ツァラトゥストラとファウスト

市民が出来上がった。ブルジョワジーが成熟した。それは表現を変えれば、近代の人間がおおよそ行き止まったということでもあります。行き止まったら、その先はどうしたら良いのか。「超人」になるしかないでしょう。冗談を言っているのではありません。世紀転換期のクラシック音楽に限らず文化芸術は超人を外しては理解できません。

クラシック音楽の世界で、「超人」のイメージ形成に大きな影響を与えたのは、やはりワーグナーではないでしょうか。作曲、脚本、演出その他を一人でこなし、そのための劇場まで建てて、自分の世界をトータルに表現したいというワーグナーの総合への野望自体が、超人的とも誇大妄想的ともいえますし、そのためにワーグナーが注ぎ込んだエネルギーは、とてもひとりの人間のものとは思われません。では音楽の中身においてワーグナーが超人思想を表現しているかと言うと、これは難しいところですが、たとえば最後のオペラ『パルジファル』は仏教の影響を受けていて、主人公のパルジファルは物語の終わりに仏のようなものになったと解釈することもできるでしょう。近代合理主義を超えて、神話や伝説などの〝根〟に触れることで、人間が霊的により浄化し、進化して、もっと高次のものへと進む。ワーグナーにはその種のヴィジョンがあったように思われます。

そうした「超人」のヴィジョンの源として大きな影響を与えたのが、フリードリヒ・ニーチェ（一八四四〜一九〇〇）の「超人思想」であり、人間進化への夢に大いなるイメージを投げかけているゲーテの『ファウスト』まで遡ることもできるでしょう。

『ツァラトゥストラはかく語りき』（一八八五）などで知られる哲学者ニーチェとワーグナーの親交は良く知られています。ニーチェはワーグナーに心酔し、古代ギリシアの文化を復活させることで、近代を超克し人間の高貴さを取り戻すというワーグナーのヴィジョンに共鳴していました。のちにニーチェとワーグナーは決別しますが、ワーグナーの次の世代のドイツの作曲家たち、グスタフ・マーラー（一八六〇〜一九一一）やリヒャルト・シュトラウスは、まさに『ツァラトゥストラ』をテーマにした作品を手がけます。

シュトラウスの交響詩『ツァラトゥストラはかく語りき』（一八九六）は映画『二〇〇一年宇宙の旅』でも印象的に使われたことで有名ですね。「世界の背後を説く者について」、「大いなる憧れについて」、「喜びと情熱について」と原作から章題をとり、百人以上のオーケストラで演奏するように書かれています。オーケストラの壮大な音と超人思想はやはり相性がいいのです。特にシュトラウスの管弦楽法は金管楽器の高音域と中音域を巧みに生かして、強靭に突破していく感覚を聴く者に高めてやみません。それはまさに進化や飛躍のイメージなのです。

一方、マーラーでニーチェといえば交響曲第三番（一八九六）です。マーラーの交響曲は一言でいえば、映画館の大画面でこそ真価がわかる大スペクタクル映画。とにかく長くてしつこくて、カオスといっていいほど情報量が詰め込まれているのですが、なかでもこの曲は、演奏時間約百分（普通の交響曲は三十分とか四十分くらいのものです）と、一般に演奏される交響曲としては最大級の代物《しろもの》です。

マーラー

この交響曲は、タイトルとしてはそうは謳っていませんが、シュトラウスの交響詩と同じく『ツァラトゥストラはかく語りき』から全編の基本イメージを得ています。交響曲第三番『ツァラトゥストラはかく語りき』という名でも構わない作品なのです。

内容はまさに創造と進化のとてつもないパノラ

マでしょう。鉱物が誕生し、植物や動物や人間が誕生し、第四楽章まで来ると、それまではオーケストラだけで奏でられてきた音楽に独唱が加わって、『ツァラトゥストラはかく語りき』の一節を歌う。「おお、人間よ、気をつけて聴け！」、「深い夢より私は目覚めた！」と。

その次の第五楽章は「ビム、ボム、ビム、ボム」と鐘の鳴るさまを、児童合唱に歌わせ、童謡みたいになります。これは「天使の音楽」ということになっていますが、人間が何か別のものになってきているとしか思えません。人間の肉体が鐘を形作る金属のような強い作りに進化しているのではないか。私の世代ですと、昭和四十年代前半にテレビの「第一次怪獣ブーム」の洗礼を受けているので、たとえば『キャプテンウルトラ』という番組に出てきた金属人間メタリノームなどをすぐ思い出してしまいます。

というのも、『ツァラトゥストラはかく語りき』は無神論の書です。天使や神のヴィジョンは、キリスト教的なものではなく、人間が天使や神のような存在に進化しようという超人思想から出てくるのではないか。とにかく第五楽章の「天使の音楽」のあと、終楽章となる第六楽章は「神の音楽」になる。ニーチェの『ツァラトゥストラはかく語りき』では、神が人間をつくったのではなく、神を人間がつくるのですから、鉱物から始まって神に終わる壮大なマーラーの交響曲は、大いなる進化の階梯のヴィジョンであるということでしょう。植物が生まれ、動物が生まれ、人間が生まれ、天使が生まれ、神が生まれる。要するにこの交響曲の後半は「人間↓天使↓神」の進化史であり、人間の超人化であり、次元上昇ですね。

このマーラーの第三番がシュトラウスの『ツァラトゥストラはかく語りき』と同年に作られていることも、注目すべきことです。世紀末のニーチェ・ブーム、超人ブームですね。

また同じくマーラーの交響曲第八番（一九〇六）は、その編成の巨大さから『千人の交響曲』という通称で知られ、大勢の独唱や合唱を用いてカンタータのように作られた交響曲ですが、これにも超人志向が感じられます。その第一部には「来たれ、創造主たる聖霊よ」という中世のラテン語の説教の文句を用い、第二部はゲーテの『ファウスト』によるカンタータといいますか、舞台のないオペラのような劇的作品になります。

ファウスト博士は全知全能になりたい人間ですね。ゲーテが創造した人物ではなく、伝説上の存在で、伝説だと全知全能になるべく悪魔と取り引きして、最後に悪魔に魂を食べられて完全消滅してしまうのですけれども、ゲーテの『ファウスト』では、最後には女性的なるものに救済され、悪魔から逃れて、天上へと導かれていきます。

というわけで、ファウスト博士は、超人への憧れに突き動かされている人間の象徴です。ただ神に救われたいという古典的キリスト教徒の姿を逸脱している。なんでも知ってなんでも実現したい、つまり全知全能の神になりかわりたい野心家なのです。

「超人文学」というか「超人になりたい文学」の古典である『ファウスト』を、マーラーが『ツァラトゥストラはかく語りき』の後で取り上げる意味は明白ではないでしょうか。

スクリャービン

だが、また「超人交響曲」には先があります。ロシアの作曲家アレクサンドル・スクリャービン(一八七二～一九一五)です。ニーチェの超人思想に傾倒し、さらに踏み込んで、神智学協会を設立したブラヴァツキー夫人の著作を読みふけり、かなり本人が「いってしまった人」になります。神智学はそこからシュタイナーの人智学も出てきますけれど、人間そのものが霊的に進化して次元上昇して神のようなものになるという、やはり超人思想ですね。神というのは人間が進化してたどり着く未来の概念であると考えるのです。

スクリャービンの交響曲第四番『法悦の詩』（この法悦の原語は「エクスタシー」。宗教的、神秘的な志向と性的なモチーフが交じり合うところが、スクリャービンという音楽家を象徴しています）や交響曲第五番『プロメテ（火の詩）』は、次元上昇の「音化」です。そこには圧倒的な陶酔がある。マーラーやリヒャルト・シュトラウスが上昇のプロセスを劇的に描こうとしているなら、スクリャービンはその先の法悦境に溺れるさまを無時間的に描く。超人ないし神人のユートピアの音楽なのです。

近代社会が超人志向を生んだ

たとえばマーラーは交響曲第八番で、中世のラテン語の賛歌の詩句と『ファウスト』を並べ、天上の神秘にアクセスしたいという欲求を強く示しました。もしも天に祈りたいという話だけなら、グレゴリオ聖歌やルネサンス期の宗教音楽もそうだったと言えるかもしれません。

しかし、やはり両者は決定的に違う。シュトラウスもマーラーもスクリャービンも、近代文明の大いなる成果の一つとしての大交響楽団を自家薬籠中の物として鳴らしまくる。

それそのものが人間の力の表象です。オーケストラは人がつくって人が鳴らしている。このパワーが超人幻想を掻き立てるのです。神に救いを求めるのではない。主体は神でなく、人間なのだ。そのオーケストラの響きによって、いまの人類を超越して進化する人間を妄想し幻想するわけです。

それは音楽家の勝手な思い込みではありませんでした。当時、最新の科学理論にして世界観であるチャールズ・ダーウィン（一八〇九～一八八二）の進化論、そしてそれを人間社会に適用したハーバート・スペンサー（一八二〇～一九〇三）の社会進化論の影響も色濃い。またフランスの社会主義思想家、アンリ・ド・サン＝シモン（一七六〇～一八二五）は産業社会が発展することでいずれは神の世界に匹敵するようなユートピアが生まれると唱え、サン＝シモン主義者と呼ばれる支持者たちによって、社会に大きな影響を与えています。その意味では、超人思想は近代科学とも手を携えられる思想だと当時は考えられていたのです。

たとえばシューマンは少年時代、ピアノの鍵盤に指を届かせるために、指の間に挟んで幅を広げる装置を作ったそうですが、十九世紀にはこうした〝科学的〟な練習器具や練習法が流行します。努力して鍛えれば、誰でも凄いピアニストになれる、というわけですが、考えてみると、これこそが近代市民社会を支える世界観なのです。

つまり、誰でも努力し、知恵を絞って、勤勉に励むことで大金持ちになれるという〝信仰〟です。梶原一騎的なスポコン漫画や塾のスパルタ教育などにもつながっていますが、実は、「人間が（努力によって）人間を超えていく」という先に、世俗を踏み越える超人思想もつながっているのです。

その意味では、一見非合理で誇大妄想的な神秘主義に思えるワーグナーやマーラーの超人思想も、けっして「反近代」ではなく、むしろさらに近代をつきつめ超えることを目指した「超近代」だったのです。

世紀末ウィーンの不安

市民社会のひとつの完成というか行き詰まりとしての「洗練」と、その壁を踏み越え、さらなる進化を目指す「超人志向」。このいずれをも打ち砕く荒波がやってきます。それが第一次世界大戦（一九一四〜一九一八）でした。

それに先立つ十九世紀末から二十世紀の初頭、ヨーロッパは繁栄の陰で、英独仏を中心とした複雑な外交的、政治的対立と社会不安を抱えていました。そうした時代を代表する作品が、一九一二年に発表されたアルノルト・シェーンベルク（一八七四〜一九五一）の『月に憑かれたピエロ』であり、その翌年につくられた、イーゴリ・ストラヴィンスキー（一八八二〜一九七一）の『春の祭典』です。

ウィーンのユダヤ人家庭に生まれたシェーンベルクは、初期には『ペレアスとメリザンド』や『浄められた夜』などで、後期ロマン主義の作曲家として知られますが、次第に無調音楽を志向するようになります。

ニ長調ならレの音。ハ短調ならドの音。その音を軸にして動いていると感じられる中心の音、主音がきちんと定まっているのが調性音楽です。ハ長調なら主音がドで、属音がソで、下属音がファで、主たるコードはド・ミ・ソである。そういう秩序に乗っかって、われわれは音の動きを楽しむことができる。たとえば音楽を人体に例えると、調性の作り出す音のヒエラルヒーは、頭とか背骨とか手足とかの組み立てのようなものです。どんな音楽でも、ここが顔だな、とか、ここは足だなと見当がつくから、聴きやすい。ところが無調になると、普通の人体ではなく、背骨が複数あるとか、まったくなくてタコのようなものになるとか、つかみどころを予想できない音楽になるのです。そういう音楽は、聴いていると不安になるかもしれない。シェーンベルクはそうした方向に突き進みました。

歌曲集『月に憑かれたピエロ』はまさにシェーンベルクが本格的に無調音楽に取り組んだ代表作といわれますが、なぜ彼はそんな音楽をつくったのでしょうか。

シェーンベルクは表現主義の作曲家だといわれます。表現主義は文学や絵画においても使われますが、一番説明しやすいのはエドヴァルド・ムンク（一八六三〜一九四四）が描いた絵画『叫び』ですね。世の中がどんどん複雑になってきて、自分の居場所がない、何をやったらいいかもわからない、言葉にもならない。その不安が募ってきて、いても立ってもいられないから、とにかく叫ぶ――それがあの絵なのです。

ムンク『叫び』

ベートーヴェンの時代には、市民として安定した自我が保たれていました。ところがさらなる資本主義化で自分の居場所が不安定になってきて、遠くにいきたいとか、手の届かないものに憧れるといった心情が前面にでるようになったのがロマン派です。それでも、まだ自分が主人公であることには疑いはありませんでした。主人公だからこそ不安になるのです。やがてもっと進化したら、一発大逆転で、超人として救われるかもしれない。これがワーグナーたちの音楽です。

しかし表現主義の時代になると、もはや自分が主体かどうかも怪しくなっています。しかし形にならない不安や不満は胸に渦を巻いている。

なかでもシェーンベルクが生まれたウィーンは、オーストリア＝ハンガリー二重帝国という特殊な位置にありました。多くの地域、民族の寄り合い所帯であるオーストリア＝ハンガリー二重帝国には、この時期、周辺地域から多くの人々が流入してきました。急速に大都市化したウィーンでは、見知らぬ人たちが次々に出現し、隣人として住み着いていくという事態が進行します。

さらには言語の問題もありました。多くの民族を抱えるために、一説にはウィーンでは二十くらいの言語が話されていたといいます。町を行き交う人同士でも言葉が通じないことはざらだったのです。

コミュニケーションもできない人間が、日々、大量に自分の生活圏に侵入してくる。しかも彼らに職を奪われるかもしれない。そんな激しいストレスに、ウィーン市民はさらされるようになるのです。これは現在の移民問題とも共通する問題でしょう。

だからこの時期のウィーンには、グスタフ・クリムト（一八六二〜一九一八）やエゴン・シーレ（一八九〇〜一九一八）のように死や幻想を大きなテーマとする世紀末芸術が生まれ、新しい心のリアリティを表現するものとして、自分でも制御できない無意識に光を当てたジークムント・フロイト（一八五六〜一九三九）の精神分析が登場したのです。

シェーンベルクは個人的にも解決のしようのない不安を抱えていました。まず妻が友人の画家と不倫関係に陥り、駆け落ちしてしまいます。ようやく妻をとり戻したところ、今度は不倫相手だった画家が自殺。それで妻は精神的にバランスを崩してしまうのです。

画家が自殺した翌年の一九〇九年、シェーンベルクはモノドラマ『期待』を書いています。これはオーケストラをバックに、たった一人の女性が歌うのですが、彼女の性的意識から生まれた悪夢のような妄想を描いたものです。テンポが頻繁に変わり、それによって表情もくるくると変化する。まさにフロイトの無意識の世界そのものですが、これが実際に演じられたのは十五年もあとのことでした。

また同じ年に『五つの管弦楽曲』という無調音楽のはしりとなる作品もつくっていますが、妻と不倫相手がボートを一緒に漕いでいる情景などを描いているのです。ほとんど恐怖映画のサウンドトラックを思わせる、不気味な作品です。

そしてつくられたのが『月に憑かれたピエロ』でした。詩のイメージではピエロは男性ですが、実際の歌い手には女性が指定されています。しかも、シュプレヒシュティンメという技法で、喋っているのか歌っているのか曖昧になるように歌えと書かれている。これは狂気と正気の境がない状態を表現しようとしているわけです。

イタリア語でもフランス語でも「月に憑かれる」とは夢遊病のことを指します。月は狂気の象徴でもある。つまり、自分の意識で自分をコントロールできないで動き回っている人を意味しています。

そしてそれが不安定な無調音楽で表現されている。そこで起きているのは主体の崩壊です。何が価値の基準なのかわからない。軸足がなくなって、不安定であることが常態化する。それはシェーンベルク個人の内面でもあっただろうし、ウィーンが置かれた社会状況でもあり、バランスを失いつつある国際環境でもあった。

音楽史的にはワーグナーのトリスタン和音がルーツのひとつで、そうした試みを延長していくと、無調音楽になる、といった説明がなされることが多いのですが、私はそれだけでは十分な説明とはいえないと思います。メロディ自体が壊れてしまうようなカタストロフ（大崩壊）はそんなに簡単には起こらない。

それを説明するには、やはり社会そのものがカタストロフを迎えたこと、人間の価値基準自体があやふやになってしまうほどの大変動が起きたことを視野に入れなくてはなりません。

シェーンベルクは世界の崩壊を見てしまった。象徴的にいうなら、一足先に第一次世界大戦後の世界を生きてしまったのです。無調音楽はそのリアルな表現でした。

リズムを破壊した『春の祭典』

『月に憑かれたピエロ』の翌年、一九一三年につくられたのが『春の祭典』です。パリでの初演は、嘲笑と野次がどんどんひどくなり、音楽がほとんど聴こえなくなって、最後には怪我人まで出る大騒動に発展するという、音楽史でも指折りの問題作です。

『月に憑かれたピエロ』が調性、メロディの要となる主音を壊したのに対し、『春の祭典』で壊れているのはリズムです。

この曲は変拍子でつくられています。十六分の五とか、十六分の八とか不思議なリズム

ストラヴィンスキー

に変わっていくのですが、そこには数学的な法則性もないから、不自然で、ぎくしゃくしていて、安定性を欠いていて、でもテンションだけは高い。冒頭ではさまざまな管楽器が異なるメロディを吹きまくります。

　ストラヴィンスキーの特徴は、断絶です。メロディもリズムも、前後の有機的なつながりがありません。パッチワークでできた怪物フランケンシュタインのようで、まさにポストモダンを先取りしているといえます。

　この『春の祭典』の最大の見せ場のひとつは、生贄に捧げられた少女が我を失って、激しく踊り乱れ、最後に死ぬくだりでしょう。『春の祭典』とは単なるお祭りではなく、宗教的な生贄の儀式なのです。サクリファイスですね。

　ここでも『月に憑かれたピエロ』同様、理性では統御できないものを描いています。この少女は一種のシャーマンです。この『春の祭典』は原始主義的音楽と呼ばれますが、原始主義とは、単に古いものを取り上げているだけではありません。むしろ近代の秩序が崩壊した世界、いま起こりつつある現代の危機を、非近代、非西欧を舞台として提示するものでした。生贄として我を失う少女は、現代のヒステリーの女性（フロイトが治療者として最も力を入れたのもヒステリーでした）であり、壊れゆく現代人なのです。

シェーンベルクにしても、ストラヴィンスキーにしても、不自然で難解に思われがちな面がありますが、それは人間がどう生きていったらいいかわからない、という現代社会の危機と真摯《しんし》に向き合っているからだともいえます。ベートーヴェンの「市民」や、ワーグナーの「民族」のような、はっきりした輪郭を持つことができない現実を、現代音楽は反映しているのです。

第一次世界大戦と解体された人間

シェーンベルク、ストラヴィンスキーの予言的作品の直後に、第一次世界大戦が勃発します。マーラーは大戦前に他界し、ドビュッシーも大戦中に帰らぬ人となりました。

第一次世界大戦は、人間の進歩に対する信仰を根底から打ち砕いた戦争でした。人類の進歩の象徴であるはずの科学技術が毒ガスや戦車、潜水艦や飛行機となって、未曾有の大量殺戮を行なったのです。しかもそれが最も文明が進んでいるという強い自負を持っていたヨーロッパで起きたということは、ほかならぬヨーロッパの人々にとって決定的な衝撃でした。

人間はもはや世界の主人公ではなく、機械によっていともあっけなく、バラバラになって死んでしまうような脆《もろ》い存在であり、戦争を行なう国家にとっては消耗品に過ぎなかったのです。

もはや進化も超人も決定的にリアリティを失います。かわりに広がっていくのが、部品としての人間のイメージでした。ワーグナー的な総合よりも、戦争による人間の解体が切実なテーマとなっていくのです。

国家のなかでは官僚に統制され、指導される国民であり、経済においては企業のなかの一社員や、大企業にこき使われる下請け業者です。それが工場のベルトコンベアに組み込まれれば、チャップリンの映画『モダン・タイムス』になります。この人間観は、基本的には今も大きくは変わっていません。

音楽は刹那的で享楽的なものとなります。ただそのとき楽しく踊るためだけの音楽。二十世紀初頭、アメリカで生まれたポピュラー音楽、ジャズはその代名詞とされます。第一次世界大戦から世界恐慌までが「ジャズ・エイジ」と呼ばれるのも、その享楽主義、刹那主義の象徴としてのネーミングなのでしょう。

第一次世界大戦後、ストラヴィンスキーは新古典派音楽を提唱します。そのとき彼が模範としたのはバロック期のイタリア音楽でした。さらにこのころストラヴィンスキーは「バッハに還れ」と提唱しますが、これは単に古典回帰にとどまらない、重要な意味を持っていると思います。

前にも述べたように、バッハが追い求めたのは、数理的に正確で、複雑な秩序を表現する音楽でした。それはバッハにとって神の秩序でもあったでしょう。

それが第一次世界大戦後の、人間がもはや主人公の座から降りた時代には、違った意味を持ちます。オートマティックで複雑で正確に作動する、精密な機械のような音楽。すなわちマシーンの秩序を表現する音楽として、バッハは新たなリアリティを持って再登場したのです。

シェーンベルクは一九三四年、ナチス・ドイツから逃れ、アメリカに移住します。南カリフォルニア大学とカリフォルニア大学ロサンゼルス校で音楽教育に携わり、ジョン・ケージ（一九一二〜一九九二）のような第二次世界大戦後の音楽をリードする作曲家を教えました。ストラヴィンスキーも第二次世界大戦の開戦後まもなく、一九三九年にハーヴァード大学で講義し、そのままアメリカにとどまって、ハリウッドで暮らします。ワーグナー的にいえば世界中から根無し草が集まってできた超大国アメリカが、刹那的な「娯楽」音楽と抽象的な「前衛」音楽の中心地となっていくのです。

「世界の終わり」を描いた曲

最後に第一次世界大戦後の世界を象徴する曲を二つ紹介しましょう。どちらもモーリス・ラヴェル（一八七五～一九三七）の作品です。

ラヴェルの父は発明家で、ラヴェル自身も機械に強い興味を持っていました。また生涯独身で、人間づきあいも得意ではなく、あまり自分の部屋から出たがらないという、非常に現代的な性格の持ち主でもあります。

ラヴェルは一九二〇年に『ラ・ヴァルス』、フランス語でワルツという意味の曲を発表します。これは、もともとは交響詩『ウィーン』として構想されていたのですが、十九世紀半ばのウィーンの宮廷を舞台に、ずっとワルツが続いていく。そのワルツがどこまでもぐるぐる円を描いて続いていくかと思うと、だんだんテンポが乱れ、メロディも転調し、リズムも破壊されて、突然、終わってしまうという曲なのです。世界の終わりはこんなふうに訪れるのだな、と思わせる曲です。

そのラヴェルが一九二八年、アメリカ旅行から帰って書いたのが、有名な『ボレロ』でした。これは最初から最後までリズムは同じで、二つしかないメロディが延々と繰り返されます。およそ十五分程度の曲ですが、永遠ににぎやかな踊りが続いていくような印象を残す。刹那的な刺激を求め続け、いつまでもダンスが終わらない。

ラヴェル

この『ボレロ』もストラヴィンスキーの『春の祭典』と同じで、トランス状態になって我を忘れた人のダンスのイメージで、ラヴェルは作曲したといいます。いつまでも終わらないつもりでいても、どこかでパッタリ終わる。ベートーヴェンなら終わりがきちんとわかっていて、劇的な構成がされているのですが、ラヴェルの二曲は全体が見えない中で、我を忘れて踊りがくりかえされ、突然、死がやってくる。

シェーンベルク、ストラヴィンスキー、ラヴェルがそれぞれ表現しているのは、壊れた世界で、周囲も見えぬまま、我を忘れて熱狂し、時間も空間もすっかり分からなくなって、パタンと倒れて、それでおしまい、という世界です。これぞ二十世紀のクラシック音楽が第二次世界大戦の前の段階で到達した姿です。その世界の、まさにサーカスの綱渡りのような延長線上に、われわれは今日も生きているのです。

おわりに

日本近代を代表する思想家のひとりであり、二・二六事件に連座して処刑された北一輝は、人間の歴史とは、上が実現していることを下が模倣していくプロセスだと考えていたと思います。日本の場合だと、いちばん上に天皇が居る。北の考える天皇は完全な自由人です。好きなことを何でもできる。政治的にも経済的にも文化的にも。天皇がそうできるのは、天皇自身がそれだけの能力を持つ優れた人間であるからだというのが北の確信でしょうが、しかし、天皇ひとりで好き勝手ができるわけではやはりない。下々が貢献しなくては、それは無理だ。たくさん税金を払ったり、働いたり、兵士として命を捨てたり。天皇の自己実現は、下々の献身と犠牲によって可能となるのです。

下々は散り、上が咲く。天皇家は花のイメージでは菊と結びついている。菊は、花の命が終わるときは散りも落ちもせずに、ただ垂れます。花ですから長持ちするにも限度はあるのですが、とにかく離れて壊れる感じには菊はならない。ずっと続いてゆくはずの天皇家を象徴する花が、潔く舞い散るような花であってはやはり困るのです。

では、日本の下々の方は、自らをどのような花に託しているのか。桜でしょう。短く諦めよくパッと散る。全身全霊を尽くしてはかなくなる。美しいが哀しい。桜の犠牲で菊が咲き続ける。天皇と臣民の関係を花にたとえればそんな具合だったでしょう。

でも北一輝は、天皇だけが自己実現して、下々は苦労し続けるとは思っていない。現に日本の歴史はそうなっていないと北は言います。天皇に近い上層から、さらにその下の方へと自由が拡大していっているのが日本史だという。財産権にせよ参政権にせよ文化的意識にせよ、そうだという。自由人天皇の姿を見て憧れて感化される人が、天皇の似姿に自らをなぞらえて変革しようとし、日本全体が自由になってゆく。率先して自由人は何かと示す大いなる模範がいなくては、自由は広まってゆかない。英邁な自由人が頂点に居なくては模倣のしようもない。あこがれて真似る。人間の進歩はそれによってしか保証されない。桜が菊になりたがる。日本中の人々が天皇のような自由人になるのが日本史の完成。北の夢見た世界です。

この北一輝流の自由拡大史観が日本史理解としてどこまで有効か、難しいところがありますが、いろいろなことを喚起するための図式としてはとても魅力的だと思います。結局、日本に限らず、模倣衝動こそが人間社会の起爆剤ということです。たとえば、西洋クラシック音楽は、実に見事に、そういう経過を辿ってきたのではないでしょうか。教会や王や貴族の音楽が、それに憧れる市民によって模倣される。真っ先に模倣できた上層市民を、こんどは中層市民が模倣する。そうやってクラシック音楽は市場を拡大し、歴史をつなげていった。菊になりたい桜たちの欲望が、クラシック音楽に活力と刺激を与えてきた。その活力と刺激の源は、菊と桜の格差から生まれるものだから、もしもそれなりに菊が増えて、満足して、憧れのエネルギーが弱まると、クラシック音楽はややはかなくなってくる。逆に、もしも菊になっていたつもりの者が再び桜に転落してしまうと、改めて菊に憧れるというよりも、なお菊にとどまっている連中にルサンチマンを持つようになるので、これまたクラシック音楽ははかなくなってくる。

私は正直に申せば、今世紀に入っていよいよクラシック音楽は、先進資本主義国の中では、日本も含めて、やや居場所を減らしてきているのかもしれないと、心配になっています。市民がステータスを上げるための、つまり「お高くとまる」ためのクラシック音楽の魅力は、やはりだいぶん失せてきたのかもしれません。そもそも、教会や王や貴族への憧れがクラシック音楽の市民社会での地位を支えてきたのだとしたら、そんな西洋社会への憧れが日本での西洋クラシック音楽の地位を高めてきたのだとしたら、その大本の時代がもはやあまりに遠くなって霞んでしまっております。仏教流に言えば、釈迦の本物の教えがなお生々しかった正法の時代から、似姿しか分からなくなった像法の時代を経て、何がなんだか元があまりにぼんやりしてしまった末法の時代に、クラシック音楽の歴史は入っているのかもしれません。

そんなことを考えると、音楽そのものよりも受け手や環境や社会的機能本位でクラシック音楽の歴史をもっと語ってみた方がよいという気がしてきます。もちろん作曲家や作品について触れなくては話にもならないのですが。

本書の大本になったのは、『文藝春秋 SPECIAL』の二〇一七年秋号、「学校では学べない世界近現代史入門」と題されていましたが、そこに載せさせていただいた「ベートーベンの戦争、ワーグナーの挑戦　西洋近代史は音楽で学べ！」です。本当に短いデッサンのようなもので、『世界史一気読み　宗教改革から現代まで』（文春文庫）に収録されています。

それを拡大するつもりで、一冊の新書になるくらいの語り物にしてみよう。そうやってしゃべり続けて本書はできました。本当に私の好きなクラシック音楽は、ラヴェルで終わったその先にあるのですが、取り扱ってもなかなか喜んでもらえない領域なので、踏み込んでいません。聞き役として徹底的にお付き合いいただいたのは編集部の前島篤志さんと、フリー編集者の宮田文久さん。深く感謝します。

本書が音楽史だけでない音楽史の本として、何かどこか刺激のあるものであれば幸いです。

片山杜秀（かたやま　もりひで）

思想史研究者、慶應義塾大学教授。1963年宮城県生まれ。慶應義塾大学大学院法学研究科後期博士課程単位取得退学。著書に『音盤考現学』、『音盤博物誌』（この2冊で吉田秀和賞、サントリー学芸賞）、『未完のファシズム――「持たざる国」日本の運命』（司馬遼太郎賞）、『ゴジラと日の丸』、『大学入試問題で読み解く「超」世界史・日本史』など多数。

文春新書

1191

ベートーヴェンを聴《き》けば世界史《せかいし》がわかる

2018年（平成30年）11月20日　第1刷発行

著　者　　片　山　杜　秀
発行者　　飯　窪　成　幸
発行所　株式会社　文　藝　春　秋

〒102-8008　東京都千代田区紀尾井町3-23
電話（03）3265-1211（代表）

印刷所　　理　想　社
付物印刷　大　日　本　印　刷
製本所　　大　口　製　本

定価はカバーに表示してあります。
万一、落丁・乱丁の場合は小社製作部宛お送り下さい。
送料小社負担でお取替え致します。

ISBN978-4-16-661191-1